传统即现代

视听产业商业模式创新

Business Model Innovations of Audiovisual Industry

刘千桂 刘大年 刘刚 等 著

企业管理出版社
ENTERPRISE MANAGEMENT PUBLISHING HOUSE

图书在版编目（CIP）数据

传统即现代：视听产业商业模式创新/刘千桂著. —北京：企业管理出版社，2013.7
ISBN 978-7-5164-0424-9

Ⅰ. ①传… Ⅱ. ①刘… Ⅲ. ①视听传播-产业发展-研究-中国 Ⅳ. ①G206.2

中国版本图书馆 CIP 数据核字（2013）第 153594 号

书　　名：	传统即现代：视听产业商业模式创新
作　　者：	刘千桂　刘大年　刘刚　等
责任编辑：	谢晓绚
书　　号：	ISBN 978-7-5164-0424-9
出版发行：	企业管理出版社
地　　址：	北京市海淀区紫竹院南路 17 号　邮编：100048
网　　址：	http://www.emph.cn
电　　话：	总编室（010）68701719　发行部（010）68414644
	编辑部（010）68701661　　（010）68701891
电子信箱：	emph003@sina.cn
印　　刷：	三河市南阳印刷有限公司
经　　销：	新华书店
规　　格：	170 毫米×240 毫米　16 开本　12.5 印张　154 千字
版　　次：	2013 年 7 月第 1 版　2013 年 7 月第 1 次印刷
定　　价：	32.00 元

版权所有 翻印必究·印装有误 负责调换

前 言

"人有七窍，视听食息。"视听产业之于消费者的重要性，不言而喻，其市场规模有多大？工业与信息化部在《数字电视与数字家庭产业"十二五"规划》中指出："到2015年，以数字电视和数字家庭为主的视听产业销售产值比2010年翻番，达到2万亿元，出口额达到1000亿美元，工业增加值率达到25%。"在我们看来，视听产业的市场规模远不止于此，上述2万亿，主要是从电子信息制造业给出的预测，单从这个角度，数字电视和数字家庭若发展为智能电视和智慧家庭，其产业规模就会以几何数字倍增。

视听产业带动作用巨大。苹果公司的发展可见一斑，前总理温家宝指出：中国要有"乔布斯"，要有占领世界市场的像"苹果"一样的产品。

简要回顾苹果公司近十多年的发展：

2001年，苹果推出第一台iPod数字音乐播放器；

2003年，苹果推出iTunes音乐商店；

2007年，苹果发布iPhone智能手机和iPod touch；

2008年，苹果移动应用程序商店App Store上线；

2010年，苹果iPad平板电脑上市；

2012年8月19日，以收盘价计算，苹果市值达到6075亿美元，成为继微软、通用电气之后第三家市值突破6000亿美元的企业。

众所周知，乔布斯给"个人电脑、动画电影、音乐、手机、平板电脑以及数字出版"等六大产业带来了颠覆性变革。六大产业组成了一个全新的数字产业链，从2001年至今，苹果公司以数字音乐为切入点、依托"iTunes Store"音乐销售平台及其成功经验，又开发了App Store、iAd、iBook Store等平台，将产业触角延伸到各个领域，为新商业格局奠定了根基。2013年2月7日，苹果公司宣布"iTunes Store售出它的第250亿首歌曲，平均每分钟有1万5千首歌曲被下载"。iTunes曲库约有2600万首歌，能在119个国家提供音乐服务（中国区不在其中）。而此前一个月，苹果公司宣布，App Store 应用下载量突破400亿次，其中近半数下载发生在2012年，其产业爆发力不同凡响。如果说"数字视（动画电影、数字出版）听（音乐）"等数字内容是苹果公司全新数字产业链的"神"，那么"个人电脑、手机、平板电脑"等用户终端则是全新数字产业链的"形"。

苹果模式被称之为"硬件+服务+内容"新模式，实质是，苹果公司初步掌握了产业控制权，当前产业控制权的核心在于以消费者——"人"为中心，"人"是社会不变的旋律，"人"是文明发展的根源，"人"是企业梦寐的终端，"人"是发展创新的土壤，而这一切皆源于视听、并继续以视听为核心。假如某一天，苹果或类似的公司在与金融行业全面对接的基础上，向全产业领域延伸，孕育出全新的经济体系、产业集群和商业模式。彼时，这样的公司掌控了"社群、制度与规则、货币等价物"，活脱脱就是一个虚拟国家。可喜的是，微软、谷歌、苹果、FACEBOOK等巨头只处于虚拟国家的原始阶段，要达到虚拟国家水平还要相当多的时间。

视听产业似有无限的空间和可能，随着微软、谷歌、苹果等IT巨头的触角由智能手机、智能电脑伸向智能电视，智能电视最有可能成为智慧家庭娱乐中心，甚至家庭智脑。基于此，我国该如何发展与应对？《数字电视与数字家庭产业"十二五"规划》指出："'4C'（计算机、通信、消费电子、内容）融合的不断推进，将促进产业从单纯整机生产向上游高附加值领域延伸，从产品制造向内容服务、运营服务和生产服务等领域渗透。产业集群正加速从成本导向型向创新驱动型升级，生产与服务融合、软件与硬件融合的趋势愈加明显。""以大型骨干企业为龙头，完善大型企业与中小企业互动协作格局，打造完整产业链；横向联合网络运营商、内容提供商、系统集成商等相关机构，加强特色应用和服务，推进整个行业从单纯的制造向'制造+服务'延伸。"听起来很美好。然而我们的忧虑是，"硬件+服务+内容"模式偏重于产业链的"内容、传输和终端设备"环节，如果局限于此或者偏重于此，我国视听产业的发展，无疑只局限于紧跟国际大企业的步伐，结果必然是发展没特色，甚至，将产业控制权拱手相让或受制于人。

中国需要有类似苹果的公司，更需要超越发展，暨完美融合了"社群、制度与规则、货币等价物"的虚拟国家平台。要想超越或改变世界，必须首先超越或改变自己——创新驱动发展，我国从不缺乏创新的土壤，但极度缺乏创新的种子。党的十八大报告在论述加快完善社会主义市场经济体制和加快转变经济发展方式时明确提出，要"实施创新驱动发展战略"；在北京市科技创新大会上，市委书记郭金龙指出：北京发展必须紧紧依靠创新驱动，别无他路；2013年5月25日，李克强总理在爱因斯坦博物馆留言册上留下的墨宝即为"创新是人类活力的源泉"。如何在传承的基础上开拓创新，找到一条视听产业发展之路，是我们孜孜以求的。

本书是我们系列研究的基本梳理和对现状的基本分析，相关研究还在继续，寄希望抛砖引玉。

专题1：电视广告经营非颠覆式创新。尽管计算机技术、通讯技术、网络技术、流媒体技术、存储技术、显示技术等高新技术带给视听产业的不只是数字化的革新，更是产业链的重构和经济发展模式的变革，我们还是要先深耕传统模式。本专题解读了电视广告经营现状，阐述了电视广告创新性经营模式。广告是视听媒体的主要收入来源，甚至是某些电子商务平台的主要收入来源，虽然当前炙手可热的RTB（实时竞价）、视链技术、淘代码以及社会化电商等带给广告模式一股新风，但是广告业并没有发生实质性地转型，尤其是电视广告，只是在改良中缓慢发展。本专题成稿较早，但是对比当前审视，我们发现，新旧视听媒体的运作方式偏重于产业链"内容、传输、终端设备、用户"的前两环节，单一的产业链、固化的发展模式与传统广电系统垄断电视产业的模式无异。于是乎，我们有这样的担忧：当微软、谷歌、苹果、FACEBOOK等诸多企业在看似无序，实则高度统一的产业版图上采用水煮青蛙的模式进行产业布局，当其诸多平台完成各自的布局之后形成合力，全面进军视听产业，将会带给中国视听产业（乃至更多产业）怎样的冲击？届时，我们看到的将不只是其高调的智能电视，还有我们早就习以为常的各类平台，只是，在合适的时间，他们才会师。或许我们还会看到，中国国企的昨天，就是传媒业的明天。

专题2：互联网视听节目公众管理模式研究。互联网视听节目公众管理模型具有天然的传播资源、优质的注意力资源、富有灵魂的管理活动、情理之中的监管投入等优点，其核心价值体现在公众参与互联网视听节目管理，从而具有震撼性的管理力度、病毒式的管理速度、立体化的管理广度、体验式的管理深度。本专题强调金字塔式的管理模式，即强调政府的管理地位，同时赋予公众监督的职责，有力地促进行业主体的行为规范，形成"国家管理—行业自律—公众监管"的良性循环。通过国家、行业和公众的共同力量实现对互联网视听节目的管理。视听节目的管理是一个难题，广电总局和新闻出版总署分属两个部门时是一个难题，合并了，也依然是难题。管理的重点不在于金字塔顶层的分分合合，而在于如何规范和引导公众的力量。任何管理方略从提出到实施都要经历漫长的路，包括纳入议事日程、平台设计、规则设计、策略运营等，每一个环节都有需要克服的难题，本专题只开了一个头，以引发思考。

专题3：数字视听产业商业模式创新。该专题选取了国内外一些典型的数字视听应用或平台进行分析，各个应用或平台各有特色，他们的发展值得我们思考或借鉴。

专题1和专题2是我们多年主持中央电视台项目以及参与中央电视台主持的原国家广电总局社科研究项目和国家社科基金重点项目一些思考，自然，有较深的央视印记，也参考了中央电视台相关部门提供的资料和文献，在此特别感谢。专题3是北京印刷学院传播学2012级研究生陈璐颖、范钦儒、董晓迪、赵越、杜春晖、周怡玲和张骁等同学，在研究生课程《新媒体研究》的基础上，对数字视听行业的思考，这些学生长期关注数字视听（音像）产业，其活力令我们敬佩。各专题在写作过程中，参考了许多中外研究者的文献和著作，在此一并致谢。

本书系北京印刷学院校级重点资助项目"新媒体广告与商务融合发展模式研究"（项目编号：E-a-2013-02）研究成果，部分成果来源于北京市哲学社会科学规划项目"北京市数字音像创新性商业模式研究"（项目编号：12ZHB012）和原国家新闻出版总署2012年度软科学研究课题"我国数字音像产业分类标准与评价体系研究"（项目编号：C-9-1）阶段性研究。本书的出版得到了北京印刷学院传播学建设专项经费的资助，特此鸣谢。

视听产业涉及面广，本书只涉及了冰山一角。该领域发展日新月异，尤其是数字视听产业，许多问题尚在发展和摸索之中，理解的差异，观点的不同，资料占有不充分，在所难免，不当之处，恳请专家及读者批评指正。

目 录

专题 1　电视广告经营非颠覆式创新 ································· 1

  1.1　电视广告经营现状 ··· 3

    1.1.1　我国电视广告经营发展 ····································· 3

    1.1.2　我国电视广告经营特殊性 ··································· 4

    1.1.3　电视广告的产业地位 ······································· 6

    1.1.4　电视广告经营竞争格局 ····································· 9

    1.1.5　电视广告经营的管理模式 ·································· 12

  1.2　电视广告经营：问题与竞争态势 ································· 13

    1.2.1　电视广告经营面临的问题 ·································· 13

    1.2.2　电视广告经营竞争态势 ···································· 18

  1.3　电视广告经营：改良式创新 ····································· 27

    1.3.1　整合资源经营 ·· 27

    1.3.2　品牌影响力经营 ·· 35

    1.3.3　经营和管理模式创新 ······································ 40

  1.4　案例：台网联盟，台网双赢新模式 ······························ 47

    1.4.1　选秀类节目的台网联盟模式 ································ 48

    1.4.2　台网联盟：选秀节目新活力 ································ 51

    1.4.3　台网联盟的可持续发展 ···································· 53

专题 2　互联网视听节目公众管理模式研究 …………………………… 55
　2.1　互联网管理模式的战略转型与创新 …………………………………… 58
　　2.1.1　公众力量促使互联网管理模式战略转型 …………………………… 58
　　2.1.2　国外互联网管理模式的启示 ………………………………………… 59
　　2.1.3　我国互联网管理模式的创新与转型 ………………………………… 62
　2.2　互联网视听节目监管现状与问题 ………………………………………… 63
　　2.2.1　互联网视听节目的政策性监管 ……………………………………… 63
　　2.2.2　互联网视听节目的行业自律 ………………………………………… 65
　　2.2.3　互联网视听节目监管效果 …………………………………………… 66
　　2.2.4　互联网视听节目管理模式存在的问题 ……………………………… 67
　　2.2.5　互联网视听节目与传统视听节目监管的差异性 …………………… 69
　2.3　互联网视听节目公众管理模式可行性分析 ……………………………… 70
　　2.3.1　公众参与：社会群体合作与共享 …………………………………… 70
　　2.3.2　互联网视听节目公众管理模型 ……………………………………… 73
　　2.3.3　公众管理模式的价值分析 …………………………………………… 77
　2.4　互联网视听节目公众管理模式设计 ……………………………………… 79
　　2.4.1　互联网视听节目金字塔管理模式 …………………………………… 80
　　2.4.2　互联网视听节目公众监管模式 ……………………………………… 81
　　2.4.3　互联网视听节目公众管理组织结构 ………………………………… 82
　2.5　互联网视听节目公众管理模式实施建议 ………………………………… 83
　　2.5.1　公众管理模式网络平台的选择 ……………………………………… 83
　　2.5.2　网络平台的运营与管理 ……………………………………………… 85
　　2.5.3　公众监管的管理机制与激励机制 …………………………………… 86
　　2.5.4　行业自律联盟的配合与协调 ………………………………………… 86
　　2.5.5　政府的宏观调控与管理 ……………………………………………… 87
　专题参考文献 …………………………………………………………………… 87

目 录

专题3　数字视听产业商业模式创新 ……………………………………… 89

3.1　唱吧：原交易的结束是新交易的开始 …………………………… 91
3.1.1 "唱吧"的产品属性分析 ……………………………………… 91
3.1.2 "唱吧"产品平台化 …………………………………………… 92
3.1.3 "唱吧"的商业模式分析 ……………………………………… 99
3.1.4 总结：原交易的结束是新交易的开始 …………………… 104

3.2　优酷二维码：产业链N次方 ……………………………………… 105
3.2.1 二维码概述 …………………………………………………… 105
3.2.2 影响二维码使用效果的因素 ……………………………… 107
3.2.3 优酷网的二维码服务 ……………………………………… 108
3.2.4 优酷网二维码价值分析 …………………………………… 117

3.3　欢聚时代：平台模式超越产品模式 …………………………… 120
3.3.1 内容提供商：产业链的螺丝钉 …………………………… 121
3.3.2 YY语音融汇产业链平台 …………………………………… 122
3.3.3 掘金传统，大众狂欢 ……………………………………… 123

3.4　潘多拉：精准推送基因裂变 …………………………………… 129
3.4.1 潘多拉简介 …………………………………………………… 129
3.4.2 潘多拉的业务系统 ………………………………………… 131
3.4.3 潘多拉基于精准定位的核心能力 ………………………… 132
3.4.4 潘多拉基于精准定位的盈利模式 ………………………… 133
3.4.5 潘多拉未来发展：向社交维度拓展 ……………………… 139

3.5　酷我商业模式的三维度 ………………………………………… 140
3.5.1 市场定位：深耕数字娱乐体验 …………………………… 141
3.5.2 经营系统：全产业链拓展 ………………………………… 142
3.5.3 盈利模式：追逐时尚，固守传统 ………………………… 144

3.6　中国电信爱音乐营销策略创新 ………………………………… 147

3.6.1 中国电信爱音乐业务概述 …………………………… 147
3.6.2 爱音乐业务产品价值分析 …………………………… 148
3.6.3 爱音乐业务市场环境分析 …………………………… 149
3.6.4 爱音乐业务经营现状 ………………………………… 152
3.6.5 爱音乐业务发展存在的问题 ………………………… 152
3.6.6 营销策略建议：交叉补贴与规模扩张 ……………… 154
3.7 歌华有线：借船出海，海阔天空 …………………………… 155
3.7.1 歌华有线高清交互电视盒发展历程 ………………… 156
3.7.2 高清交互电视盒功能架构及特色业务 ……………… 157
3.7.3 高清交互电视商业模式及盈利点分析 ……………… 162
3.7.4 歌华有线 SWOT 矩阵分析与完善方案 ……………… 166
专题参考文献 …………………………………………………… 170

附件：数字电视与数字家庭产业"十二五"规划 ……………… 173

前　言 ……………………………………………………… 175
一、"十一五"发展回顾 ………………………………… 175
二、"十二五"面临的形势 ……………………………… 178
三、指导思想、发展原则及目标 ………………………… 179
四、主要任务与发展重点 ………………………………… 181
五、重大工程 ……………………………………………… 184
六、政策措施 ……………………………………………… 186

专题 1

电视广告经营非颠覆式创新[1]

---

[1] 2007年9月稿

广告与经济之间有着密切的联系，广告被称为国民经济发展的晴雨表。改革开放头20年，在中国经济高速发展的带动下，中国广告从20世纪80年代初的年营业额1.18亿元到20世纪末的712个亿，平均以43%的年增长速度迅猛增长，中国广告业成为世界上发展最快的国家。在此期间，传统四大媒体占据着广告媒体市场的绝对优势，而电视广告更受到广告主的偏爱。进入21世纪后，中国广告业从高歌猛进转向增速放缓，中国电视广告也面临着同样的境况。

中国电视广告经营究竟面临着什么样的问题？中国传媒大学丁俊杰教授一针见血指出："在原有的商业模式下，广告资源可以说已经得到了充分的开发，从形式到价格到合作模式，已经相对成熟和固定，一些不合理的现象在固化的体制中滋长，长久以来也得不到解决。可以说，整体老化，缺乏继续高速成长的动力，是现在广告业面临的一大问题。"① 在这一大背景下，电视广告经营还在用高歌猛进时代的经营理念和方法，固化的体制和模式并不能适应新时代的广告经营环境，市场形态发生了变化，而经营变化不大，所以出现了经营机制相对滞后、经营措施不得力等问题。本节旨在陈述和分析中国电视广告的经营现状、面临的问题，介绍电视广告经营当前的发展对策，即电视广告经营的改良式创新模式。

1.1 电视广告经营现状

1.1.1 我国电视广告经营发展

1979年1月28日，上海电视台播出了长达1分35秒的电视广告作品

---

① 丁俊杰.2005年中国广告业现状与发展趋势,《2006年：中国文化产业发展报告》,社会科学文献出版社.

《参桂补酒》，同日，上海电视台还播出了"上海电视台即日起受理广告业务"的字幕广告，揭开了我国电视广告和电视广告经营的序幕，同年3月15日，上海电视台播出了我国第一则外商广告《瑞士雷达表》。1979年中央电视台在中国电视服务公司下面设立了一个营业科，专门负责安排广告业务，后来很快改成了广告科。1979年9月30日，中央电视台播出第一条有偿广告——美国威斯汀豪斯电器广告，随后，日本西铁城公司在《新闻联播》前推出了报时广告。

经过近30年的发展，我国电视广告事业突飞猛进，作为兼具视听特色的广告媒介，电视广告由于具有传播范围广泛、表现形式多种多样、感染力强以及媒体组合的多样性等特点而广受广告主的青睐。

在我国电视广告发展相当长的一段时期内，电视台不仅发布广告，而且直接承揽广告活动，电视广告经营以电视台自我售卖电视时段为主。1993年10月，我国开始试点广告代理制，1994年在全国范围内逐步推广。广告代理制的推广和实施在一定程度上促进了我国电视广告经营向规范化和专业化的发展，但由于我国电视媒体的特殊地位，电视广告经营的规范化、专业化的发展步伐缓慢，各电视台的广告经营依然以自我为中心，通过不断完善经营机制和经营举措促进自身电视广告经营额的不断提升。近年来，随着广告市场竞争的加剧，电视广告经营一方面加强内功修炼，另一方面强化外部联合，合纵连横。

1.1.2 我国电视广告经营特殊性

我国电视广告经营的特殊性和我国电视产业的特殊性是分不开的，电视广告经营需要强调和注意以下两方面：

1. 电视层级和区域布局影响媒体间的竞合

我国是四级办台的格局，即中央、省、市、地区四级办电视台。2001

年，根据广电总局的相关文件，大力削减了地、县频道，目前的频道格局主要是中央、省、市三级。与此相应，我国电视广告经营明显呈现三级竞争的格局：中央电视台独占鳌头，处于电视广告市场的第一级，处于第二层级的是各省级电视台，而数量最大的地市级电视台则处于市场的第三级。这样的格局使得各级电视台和各级政府有着千丝万缕的联系，各级电视台排他性地掌握着地方的资源，各自占据一方，依托区域垄断资源，既分不清形势又容易迷失方向，更加大了电视台之间合作的成本。这种现象使得我国电视产业领域的合作更多的依靠行政力量的推动而不是市场手段，这与国外发达传媒业有着本质的不同。

建立在这一格局下的电视广告经营，难以发挥不同电视主体之间合作的力量。此外，由于广告是电视台生存和发展的经济基础，是电视产业结构体系中的支柱产业，因此，各电视经营主体之间的竞争集中的表现在电视广告的竞争上，各利益主体在既得利益的情况下，滋生了成长的惰性，不利于电视广告经营的发展，也不利于电视产业的发展。

2. 电视广告是我国电视事业发展的经济支柱

我国电视媒体具有双重属性，即公益性文化事业和经营性文化产业，目前，我国电视事业的资金来源已经不再是依靠国家拨款的形式，电视台的经费主要来源于电视台的经营收入，而电视台的收入主要来源于电视广告的收入。因此，电视广告一方面是我国电视经营性文化产业的经济支柱，另一方面也是我国电视公益性文化事业发展的经济支柱，电视广告为我国广电公益性文化事业的发展提供了雄厚的资金保障，是我国电视事业发展的经济支柱。

1.1.3 电视广告的产业地位

1. 全球电视广告的产业地位（见表1-1）

表1-1 全球媒体广告支出及其结构比例①

（单位：百万美元；%）

	2005年		2006年		2007年		2008年		2009年	
报纸	119178	29.8	123460	29.1	127125	28.5	131179	27.8	135228	27.3
杂志	52993	13.3	54807	12.9	57021	12.8	59450	12.6	62078	12.5
电视	151187	37.8	160391	37.8	167149	37.5	176671	37.5	184502	37.2
广播	34348	8.6	35443	8.4	36543	8.2	37821	8.0	39548	8.0
电影	1697	0.4	1812	0.4	1938	0.4	2087	0.4	2272	0.5
户外	21769	5.4	23473	5.5	25190	5.6	27054	5.7	29126	5.9
互联网	18712	4.7	24454	5.8	31344	7.0	36926	7.8	42685	8.6
合计	399883	100.0	423839	100.0	446310	100.0	471189	100.0	495438	100.0

从全球范围来看，电视媒体依然是主流广告媒体，从比例上来看有微小的下降趋势，其他传统媒体则受到较大的影响，而网络媒体和小众媒体则发展空间巨大。所以，虽然媒介格局发生着较大的变化，但是电视广告依然有着举足轻重的地位，但同时，面对新兴广告媒介的崛起，电视广告需要找出自身问题，挖掘自身广告价值，以更好为广告主提供服务。

2. 中国电视广告的产业地位

我国近四年四大媒体广告经营表现②，见表1-2和表1-3。

---

① 资料来源：Zenith Optimedia。
② 2003年~2005年数据来源于2004年~2006年《中国广告年鉴》，2006年数据来源《现代广告》2007年第4期《2006年中国广告业数据统计报告》。

表 1-2　近四年四大媒体广告经营表现

年度	电视广告经营额 数量（亿元）	增长率（%）	广播广告经营额 数量（亿元）	增长率（%）	报纸广告经营额 数量（亿元）	增长率（%）	杂志广告经营额 数量（亿元）	增长率（%）
2003 年	255.04	10.39	25.57	16.76	243.01	28.93	24.38	60.29
2004 年	291.5	14.3	32.9	28	230.7	-5.1	20.3	1.6
2005 年	355.3	21.86	38.9	17.99	256.05	10.98	24.87	22.08
2006 年	404	13.7	57.2	47.2	312.6	22.1	24.1	-3.1

表 1-3　各媒体经营额与总经营额比值（%）

年度	电视广告	广播广告	报纸广告	杂志广告	总和
2003 年	23.64	2.37	22.53	2.26	50.8
2004 年	23	2.6	18.2	1.6	45.5
2005 年	25.1	2.7	18.1	1.8	47.6
2006 年	25.7	3.6	19.9	1.5	50.7

从两组数据可以看出，传统四大媒体依然是主要广告媒介，在短时间内，其市场地位无法被撼动；广告业各利益主体在博弈中保持着基本的平衡，但平衡中有变化，而且年度变化相对明显；电视广告依然强劲，并且持续增长，虽然在 2005 年出现了一个小高潮，2006 年增幅有所下降，但整体趋势平稳。此外，电视广告无论是从广告经营额绝对数量还是从广告经营额占总经营额的比值上来看都处于增长的势头，从某种程度上反映了电视广告是一种良好的广告形式。

3. 新媒体的广告分流

新媒体的广告分流主要体现在网络广告的表现日益高涨上面。我国网络广告的发展在经历了 2001 年和 2002 年的网络寒冬后，2003 年迎来了网络广告的春天，2002 年网络广告市场规模为 4.9 亿元人民币，2003 年则达到了 10.8 亿元。近几年网络广告在经历了广告主的质疑、犹豫不决后，尝

传统即现代：视听产业商业模式创新

到了甜头，网络广告高歌猛进，2004年市场规模达到了19亿元，2005年、2006年则分别达到了31.3亿元和46.6亿元。另据iResearch预测2007年，中国网络广告市场规模将达到62亿元，比2006年增长33%；2008年网络广告市场受北京奥运会因素影响，网络广告市场规模有望接近100亿元，当年网络广告增长率有望达到56%[①]。从全球范围来看，据Zenith Optimedia预计，2007年全球网络广告支出将增长28.2%，其他媒体增长3.7%；2008年网络广告支出将超过广播广告；到2009年，网络广告支出将接近全球广告支出的9%，并且在以后的10年内，其所占份额将会达到两位数。

广告主选择网络广告，他们看重的已不仅仅是互联网的传播能力、传播速度及传播范围。网络广告的表现形式多种多样，网络广告可以实现相对精准投放，网络广告受众良好的互动性和传播力，以及可以建立全面的广告数据库、营销数据库，这些对广告主更具诱惑力。而这些诱惑力是那些以电视广告为主的传统媒体广告无法比拟的。

新媒体对电视广告的冲击是毋庸置疑的，对比分析新媒体和电视媒体的广告投放行业，就可以发现新媒体对电视广告分流的影响。

2006年，电视广告投放的主要行业为化妆品/浴室用品、药品、食品、商业及服务性行业和饮料行业。2006年电视广告投放增幅最快的5个行业为金融投资保险、饮料、交通、邮电通信和清洁用品。随着金融行业的全面开放，金融投资保险广告成为了电视广告新的亮点。2006年饮料行业异军突起，其电视广告投放比2005年增长了52%，成为增幅最大的一个。2006电视广告投放增幅最慢的5个行业是工业用品、食品、化妆品/浴室用品、烟草类和电脑及办公自动化产品。而其中烟草类和电脑及办公自动

---

① 资料来源：iResearch历年网络广告研究报告。

化产品呈现负增长。

在网络、手机、视频和商务楼宇电视为主的新媒体中，互联网和商务楼宇电视是广告主最为认可的新媒体平台。CTR 数据显示，2006 年，主要新媒体的广告主广告预算平均占据企业广告总花费的 21%，已超过户外和报纸等主要传统媒体，仅次于电视媒体位居第二。数据显示有 56.8% 的企业对新媒体的广告投放量正在上升。2006 年，进行新媒体投放的企业中，有 60% 的企业年销售经营额在 3 亿元人民币以上。在投放行业中，近 50% 的新媒体广告主来自于电脑与办公自动化用品、房地产/建筑工程、家用电器、邮电通讯和保健食品。其中电脑与办公自动化用品行业，在电视媒体投放中呈现下降趋势，但在新媒体中，却以占总体份额 12.7% 的优势，位居第一。在 2006 年互联网广告投放的前 5 个行业和品牌中，有近 60% 的互联网广告投放集中于邮电通讯和电脑及办公自动化行业。

1.1.4 电视广告经营竞争格局

1. 电视广告经营的整体竞争态势

我国电视广告经营一直保持着高速增长的态势，但各级电视台的发展很不平衡：2006 年，我国电视广告经营额 404 亿，其中，中央电视台一枝独秀，全年实现广告收入近 93 亿元，占电视广告市场的 23%[①]。省级电视台也占据了相当的市场份额，而从数量上占据绝大多数的城市电视台的收入则很少，平均每个电视台的广告收入不足 200 万。中国电视产业和电视广告经营金字塔的竞争格局层级和强弱分明：中央电视台在金字塔的顶端，省级卫视在中间，省级地面台和城市电视台在金字塔的底端。在这样的格局下，电视行业各层级之间更多地表现为竞争，而且竞争相当激烈。

---

① 数据来源：2006 年中央电视台事业发展年度分析报告：全台经营结构分析。

例如，各省级卫视的改版总以中央电视台为参照，而省级卫视之间的联盟以中央电视台为竞争对手。不同层级电视主体之间的合作则寥寥无几。在激烈的市场竞争下，面临新的媒介环境，有的电视经营主体寻找着新的方向，有的则立足于开发区域市场，而有的则谋求着生存策略。同时这种格局也发生着变化，一方面，以凤凰卫视为代表的电视台发展得熠熠生辉，逐渐向金字塔顶端靠拢；湖南卫视定位于"娱乐"，力图打造全国性的娱乐性媒体定位；诸多省级卫视的联盟则图谋着通过联盟的力量提升单兵的战斗能力。另一方面，城市电视台牢牢把握区域优势，配合着企业"渠道为王，终端制胜"的市场开拓战略。

2. 各级电视台竞争力表现

中央电视台：一枝独秀，持续发力。近几年，中央电视台大力贯彻"改革、创新、发展"的六字方针，继续推进"专业频道品牌化"战略，加大节目创新的力度，通过改革，打造栏目品牌、制作精品栏目、组织大型活动、实施节假日特别编排等，频道影响力大幅度提升，整体收视竞争力再上一个新台阶。据央视－索福瑞2006年全国测量仪调查显示，全国卫星频道入户率达到30%的频道数为30个，其中，中央电视台占据12席，频道数量与2005年持平。从单个频道入户率上来看，中央电视台各频道入户率均有所上升。其中，CCTV－4、CCTV－10、CCTV－少儿等三个频道入户率上升明显，涨幅达到10%以上。2006年，中央电视台全台在各频道的通力合作下，全台整体收视份额继续增长，达到35.13%，较2005年增长近一个百分点。中央电视台整体收视份额呈现持续6年逐年增长的态势，中央电视台整体收视竞争力在不断增强。[①] 收视份额的一枝独秀是电视广告经营的良好基础，在收视份额持续发力的同时，中央电视台电视广告经

---

① 参考资料：2006年中央电视台事业发展年度分析报告：整体收视竞争力分析。

营积极从"坐商"变为"行商",积极开展多种形式的招商活动,推行"以客户为中心,面向市场、面向客户"的经营策略,注意科学制定市场战略、创新广告经营理念和方式,密切注意行业动向,从2001年以来,广告经营额一路上升。

省市电视台:竞合交融,联盟拓展。省级卫视和各地方频道既竞争又联合,既拼资金又争资源。实力雄厚的频道争取上星,上星频道争取更大范围的覆盖落地;省级频道大打区域经济牌,城市频道贴近本地特色。湖南广电、上海文广、沈阳电视台等都在北京、上海、广州等地设立广告公司或办事处,竞争日趋白热化。同时,省市电视台争取交叉覆盖,频道、栏目合作也成为增加广告收入的好方法。省级卫视联播、"媒介金牛"工程、"华东全垒打"、江苏城市电视台协作体等都是如此"合纵连横"的优秀产物。

境外媒体:逐步渗透,初战告捷。境外媒体对于进入中国广播电视市场具有相当的热望,拥有12亿庞大受众群体的中国电视市场具有绝对的吸引力。从2000年开始,国际传媒巨头默多克控股45%的香港凤凰卫视、阳光卫视和香港无线TVB等4家境外电视得到中国官方批准,获准在中国大陆一些地区播放。2001年到2002年又先后有十几个境外电视频道获准在广东落地。另外还有30多个境外国家的重要电视频道如CNN、HBO、NHK等频道,在中国大部分三星级以上宾馆饭店都能接收到,普通百姓只要安装卫星接收设备就可以收看。一些国际知名的电视频道如ESPN、Channel V、Discovery探索频道等已经通过各种手段进入中国内地有线电视系统,还没进入中国市场的境外媒体则在想方设法进行区域渗透,求取更大范围的落地。在境外媒体的布局中,凤凰仅在三星以上宾馆落地,一年拿走了上十亿的广告费,星空落地广州几个月时间,收视市场份额就达到

1.6%，成为本地市场的亚军，并且每个月都在持续增长。[①]

1.1.5 电视广告经营的管理模式

目前，我国电视广告经营的管理模式可以总结为四种：统一管理、统一经营；统一管理、分散经营；统一管理、混合经营以及统一管理、公司化经营。[②]

统一经营、统一管理，广告经营集中于一个广告部门，各频道不分营广告业务，收支两条线，统一经营，整合内部广告资源，同时避免集团内部各媒体之间的价格竞争。目前多数电视台都采用这种经营模式，如广东电视台、南方电视台、湖北电视台、安徽电视台、贵州电视台、广州电视台、武汉电视台等。

统一管理、分散经营，各频道设立自己的广告部，但广告中心有管理权和审核监督权。江苏电视台、浙江广电集团和湖南广电集团就是这样的经营模式。广告管理中心统一制定经营战略，并负责广告经营的审核事务和监督工作。各频道广告部根据频道特色自行营销，使节目与广告互动，实现了广告创收的持续增长。

统一管理、混合经营，集中经营和分散经营并存，根据经营效益最大化原则来寻求解决之道，显示了机制创新的灵活性。例如上海文广集团将第一财经、东方卫视、生活时尚频道作为分频道广告经营的试点，其他9个频道则由中心统一经营。广东电视台将体育频道一年3600万承包给一个广告公司，而让公共频道实行频道制，把广告经营权下放到频道中；厦门电视台在中心经营制之外，也有个别栏目独立经营广告；武汉电视台的体育频道实行频道制，自主经营广告。当然广告部都会对独立经营的频道进

[①] 谢耘耕，党芳莉．中国电视广告竞争新格局，《新闻界》，2005．
[②] 黎斌，蒋淑媛．《中国电视广告经营模式研究》，中国传媒大学出版社，2005．

行监督管理。

统一管理、公司化经营，此为体制改革力度最大的一种模式，指以公司化的方式来经营广告。不少省级电视台和省会城市电视台的广告部门都成立了下属的公司，部分或全部代理电视台的广告。有的将客户服务和大型活动的组织机构也放到下属公司里，许多公司与广告中心（部）是一套人马两块牌子，公司的法人就是广告中心（部）主任，具有事业和企业的双重性质。一些电视台作出了一些大胆的创新，如四川电视台广告部的四川神韵传播有限责任公司作为四川省最大的广告公司还代理其他媒体的广告，并为一些知名品牌做代理。

1.2 电视广告经营：问题与竞争态势

1.2.1 电视广告经营面临的问题

本部分从宏观政策环境、中观经营体制和微观经营环境三个层次分析电视广告经营面临的问题。

1. 政策的不断调整带来广告经营的不稳定性

我国电视产业隶属于国家广电总局的管理范围，广电政策对电视广告经营的影响体现在两个方面：

第一个方面是对节目的管理。例如，2007年，广电系统把净化荧屏视频、坚决抵制低俗之风作为宣传管理重点，加强对法制类、娱乐类特别是选秀类节目的管理，提倡主旋律，确保其健康向上、有益无害。为此，广电总局春节前出台政策，对选秀节目进行规范，对各地卫视选秀节目的数量和播出时段作出限制，确保不能有三家卫视在同时段播出选秀节目。此后，广电总局更严格规定：选秀类活动的播出时间不得超过两个半月。9月20日，国家广电总局又出台一系列具体管理措施和细则，进一步规范群众参与的选拔类广播电视活动和节目，规定不得采用手机投票、电话投票、网络投票等任何场外投票方式。

第二个方面是对电视广告的管理。例如，曾经自2004年1月1日起施行的《广播电视广告播放管理暂行办法》规定，办法的出台是为了对我国广播电视广告的内容、播放总量、广告插播、播放监管等进行全面的规范。其中有关电视广告的部分为：

第十六条 电视台每套节目中每天播放公益广告的数量不得少于广告总播出量的3%。

第十七条 电视台每套节目每天播放电视广告的比例，不得超过该套节目每天播出总量的20%。其中，电视台在19：00至21：00之间，其每套节目中每小时的广告播出总量不得超过节目播出总量的15%，即9分钟。

第十八条 除在节目自然段的间歇外，不得随意插播广告。除19：00至21：00以外，电视台播放一集影视剧（一般为45分钟左右）中，可以插播一次广告，插播时间不得超过2.5分钟。

第二十条 每套电视节目每日播放的酒类广告不超过12条，其中19：00至21：00间不超过2条。

应当指出，国外的先进经验表明，对电视广告的规范性管理可以促进电视产业的蓬勃发展，如美国联邦通讯委员会规定，在黄金时段（指每天下午6时到晚上12时，由各电视台任选3小时的播出时间），每60分钟的节目中，电视广告时间不得超过9分30秒。而且，在美国，非黄金时间的电视广告也被限播，每60分钟的节目中，其广告不得超过16分钟。德国国有电视台在周一到周六的全天内，只可以播放总计20分钟的广告，晚上

8时之后不允许播放任何广告,对于电视广告的播放频率,无论国有还是私营电视台,每小时内最多只能播放总共12分钟的广告,每次播放广告时间不得超过6分钟,在两次播放广告的时间段内至少要有30分钟的间隔。[1] 此外,广告市场发达的国家对电视广告的插播、广告内容的限播等等方面都做了详细的规定。

但同时应当看到,发达国家的电视广告经营是在既定的成熟的政策环境下进行,而我国的电视广告经营的政策还不成熟,并且在实践中不断发展和完善。这势必给电视广告经营带来难题,由于政策的不断变动,电视广告经营需要考虑如何处理长远发展和短期利益之间的矛盾关系,这给电视广告经营带来了不稳定性。例如,风起云涌的选秀节目给观众带来了全新感受,给商家带来了无限商机,也带来了巨额的电视广告收入。而赛程缩短无疑会影响商机,播出周期缩短必将冲击电视广告市场,面对新的广电政策,电视广告经营者需要调整经营重点和经营方向。而广告限播令则势必要求各电视广告经营主体充分挖掘新的广告黄金时间、开发新的广告传播方式、拓宽广告营销渠道。而新的经营重点、经营方向和经营策略是否能够适应市场的需求,则需要在实践中不断得到检验,这也就给电视广告经营带来了新的问题,当电视广告处于不断的调整期,电视广告和电视广告经营需要更长磨合时间。

2. 事业体制制约,广告经营活力不足

电视广告经营是一种市场化的行为,这种市场化的行为一方面要面临激烈的广告市场竞争,与各种广告媒介同台竞技,特别是与具有灵活经营机制的网络等新兴广告媒介争夺广告客户,另一方面要受到具有事业属性的电视台体制的束缚。电视广告经营由于受到事业体制的制约,电视广

---

[1] 刘爱成,欧览.《欧美国家对电视广告的限制》,《中华新闻报》,2003年第5版.

经营因此活力不足。

完全市场化的广告经营潜力巨大，户外媒体和网络媒体灵活的市场机制给户外广告和网络广告的发展带来了无限的活力。例如，资本催生分众传媒迅速发展壮大，一方面让其迅速占领了液晶楼宇市场以及相关广告市场，另一方面为其引进先进的管理模式和高质量的经营人才提供了雄厚的资金保障。

电视广告经营依托于电视媒体，而我国电视行业依然是受到国家特殊政策保护的领域，即使开放，也是实现有限的开放或者是在相对封闭基础上的改革、在封闭基础上的开放。由于国家政策的控制和保护，电视并没有实现产业化发展的市场环境。虽然，从2001年下半年开始，广电行业内部开始讨论产业经营的问题，2002年底，正式提出了电视产业化的目标，但是，电视产业化是一种被动的行为。文化产业的产业化进程以及国外传媒巨头的威胁使得广电行业不得不在新的时代考虑广电产业化，然而，经过几年的发展，配套政策一直没有到位。现行广电政策依然是事业体制，虽然在不断的改良，但是对产业经营没有实质上的触动，一定程度上保护了新闻事业的发展，但更多的是制约了广电行业的产业化以及新闻事业的国家化。

电视广告经营，从宏观上看，是一个市场化的问题，从微观上看，是一个企业化的问题。目前，无论是市场化还是企业化都脱离不了电视的事业体制，更何况，电视广告收入是目前我国电视台的主要收入来源，这种情况将在相当一段时间一直存在。因此，电视广告的经营同时要面临广电行业发展所要面临的问题：政、事、企"三位一体"的矛盾。

3. 经营条件不得力，广告经营动力不足

（1）独特的模式依然是粗放式经营

在新的媒介环境下，各级电视媒体之间的竞争进入了一个新的阶段，各级电视台为了在激烈的竞争中寻求突围和发展,纷纷在广告经营上探索着独特的模式,但是相对于完全市场化的广告经营模式来说,依然处于粗放式的经营方式。随着科技的发展,以搜索引擎广告、呼叫广告等具有良好反馈机制的广告经营方式的突起,广告经营与企业消费者数据库、广告经营与企业产品销售间的联系越来越紧密。电视广告偏重于传播效果,而现代广告经营则进入了销售时代,广告直接影响或者促进销售。而且,虽然也有电视广告经营主体为广告主提供了全方位的营销解决方案,但是从整体电视广告经营市场来说,主体依然围绕时段销售进行。

电视广告的粗放式经营是具有中国特色,我国电视广告经营的时间还很短,而且在事业体制下成长,因此,粗放式经营是一个必然经历的过程。但是,我们同时要看到,粗放式经营已经不适应形式的发展,在有线电视、卫星电视,特别是数字电视发展成为必然之势的今天,粗放式经营的结果可能就是广告主另觅知音,选择其他媒体作为广告投放的载体。

(2)专业人才缺乏,智力产业乏力

电视广告经营是一门实践性和理论性都很强的活动,它涉及心理学、美学、社会学、市场营销学和管理学等多项学科。因此对电视广告经营人才的知识体系提出了更高的要求,而目前,同时具备技术、市场策划、媒介营销和资本运作专业背景和从业经历的复合型人才受到偏爱。

广告属于智力产业,但我国广告业还远远不是国家所定性的"知识密集、人才密集和技术密集的高新技术产业"。据美国广告行业协会对全国广告公司从业人员的抽样调查显示,在美国广告行业中,75%以上是本科或硕士生毕业。而我国的广告从业人员水平则参差不齐,电视广告经营人员也是如此,我国电视广告发展初期,在专业广告人员极度匮乏的情况下,大批编导、记者和制片人涌入广告经营部门,成为我国电视广告的开路先锋,功不可没。但是,广告经营有其自身的规律和科学性,高素质的专业广告人才才是电视广告繁荣发展和实现质的飞跃的坚强保证。

1.2.2 电视广告经营竞争态势

五力分析模型是迈克尔·波特（Michael Porter）于20世纪80年代初提出，用于竞争战略的分析，可以有效的分析客户的竞争环境。这5种力量分别是：行业内现有的竞争、能力供应商的议价能力、购买者的议价能力、潜在竞争者进入的能力、替代品的替代能力。电视广告经营五力模型如图1-1所示：

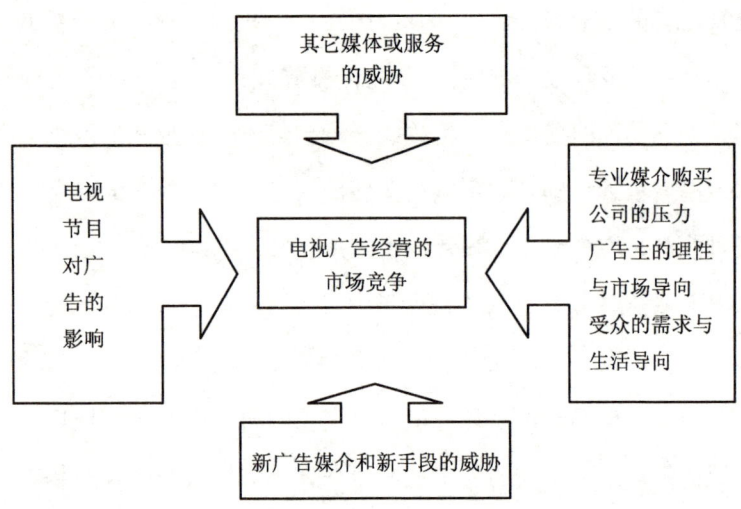

图1-1　电视广告经营五力模型图

1. 电视节目对广告经营的影响

电视广告直接依附于电视节目传播，电视广告市场的竞争首要地表现为电视节目之间的竞争，在此基础上，各电视广告经营主体寻求着自己的空间。

电视节目是由电视台或专业电视机构制作的提供给电视媒体播放的节目，它分为电视新闻资讯节目，电视谈话节目，电视文艺节目，电视娱乐节目，电视纪录片，电视剧，电视电影和电视特别节目等。无论哪类节目，都是广告的良好的载体，毫无疑问，电视节目之间的竞争是如火如荼的。

以电视娱乐节目市场的竞争为例说明：2006 年，电视广告虽然受到国家宏观政策对房地产广告和医疗广告的影响以及受到新兴媒体的冲击，但是由于世界杯和亚运会以及各选秀节目的强势拉动，使得电视广告依然生机勃勃。重大赛事和活动可遇不可求，为了持续这样的盛况，各电视台均有自己的法宝，在追求利润的推动下，2005 年，以《超级女声》为代表的选秀节目横扫荧屏，2006 年，《梦想中国》、《超级女声》、《我型我秀》、《加油！好男儿》、《绝对唱响》、《名师高徒》等一批电视选秀节目之间的竞争更是如火如荼。为了增加收视率，有效地吸引广告商，各电视台把选秀节目拉长，即延长电视节目的播出周期。纵观诸多选秀节目，有一个共同特点，即借电视媒体的强势来拉伸网络媒体的影响以及借网络媒体的优势延伸电视媒体的传播力。在这个基础上，构建了选秀节目的基本模式：金字塔的媒体体系和传播模式，即前期以网络媒体报道为主体的海选阶段逐渐深入到后期以电视直播为主体的决赛阶段。网络媒体的海量性以及草根性使得受众能便捷地全方位关注选秀活动、参与选秀活动、互动互乐，而精美的电视表现手法则将活动推向一个又一个高潮。2007 年春节前后，广电总局对选秀节目实施限制后，各卫视频道找到新的对策，选秀节目掀起了新一轮的更为激励的竞争。限令前的选秀节目显现地表现在偏重于金字塔顶端的竞争，即延长电视节目的播出周期。限令的出台，造成选秀节目的运作向金字塔中、底端的转移，即充分挖掘网络媒体的潜能和盈利能力。通过电视时段联合网络媒体的模式，各选秀节目依然如火如荼。

在节目火爆的基础上，广告营销方式也进行了创新。2006 年湖南卫视《超级女声》和东方卫视《我型我 Show》在播出期间分别采用"长间隔长跨度"和"短间隔短跨度"的广告插播方式;各种赞助、贴片、冠名和植入式广告在各电视台大型活动和大型节目中屡见不鲜。

2. 购买者的议价能力

电视广告的购买者包括专业媒介购买公司、广告主和受众。

(1) 专业媒介购买公司的压力

1996年10月,由盛世长城国际广告公司与达彼思广告公司合作成立的中国实力媒体宣告成立,这是国内第一家正式的媒介购买公司。专业媒介购买公司提供全面的媒介服务,包括媒介策划、购买、调研、电视制作包装,数字化媒体咨询等系列服务。面对媒介购买公司的强势竞争,为了保护中国稚嫩的广告业,1998年,国家工商行政管理总局下发停止核准登记媒介购买企业的通知,通知指出,各地一律不得受理媒介购买企业设立登记申请;已经办理了核准登记手续的,应在进行本年度广告经营资格检查时,重新核定经营范围,将核准的媒介时间、版面批发和零售经营项目予以核销。

从1998年起,专业媒介购买公司,跨国公司纷纷在中国合并各公司的媒介部,组建购买额几亿到几十亿的媒介购买公司,在与本土媒介的较量中,专业媒介购买公司显示出越来越多的主动性和主导性。由于国家政策的限制,媒介购买公司都没有独立牌照,主要是靠广告公司或者媒体开展业务。例如实力媒体使用的是盛世长城的牌照,星传媒体使用的是李奥贝纳的牌照。虽然外资媒介购买公司以不完全合法的身份在中国发展,但成长速度却突飞猛进。2005年,12月11日起,中国全面开放广告市场,允许外国广告公司以独资公司的身份进入本国市场。海外媒介购买公司加大了整合的力度,进一步在中国市场扩张,并购浪潮风起云涌,给中国广告业带来巨大冲击。此间,根据国家工商局对中国媒介市场的统计数据,广播、电视、报纸、杂志、户外广告的总投放量为850亿。这几类媒体是海外媒介购买公司代理的主要部分。据最保守的估计,海外媒介购买公司的份额已经占到中国媒介投放的30%~35%。

跨国媒介购买公司依靠其雄厚的资本,占据中国媒介购买市场举足轻重的位置,市场竞争异常激烈,但是,中国本土媒介购买公司与跨国媒介购买公司实力悬殊。媒介购买向国外资本倾斜,跨国媒介购买公司在中国发展迅猛,全球四大广告集团(WPP、IPG、Publics、Omnicom)均已抢滩中国。媒介购买公司是在广告发展到特定阶段应运而生的一种市场模式,是其市场化的一种结果,是广告和媒体成熟的标志,是广告公司、广告主和媒体三方博弈的结果。欧美广告行业的媒介购买公司对其广告行业更多的起到了市场调节的作用,使得专业化过程中已经分工的广告服务环节又实现了协同作用,促进了整个行业的发展。中国的广告代理制借鉴了欧美的模式,但是却没有形成固定的模式和自己的体系,在推广广告代理制中,行政手段多于市场调节,中国广告代理制在实施的过程中变了质。在这个过程中,媒介老大的地位不但没有弱化,而且随着广告媒介增多而得到巩固和强化。建立在此基础上的媒介购买则加深了这一矛盾,专业媒介购买公司牢牢掌握着大量的资本,大量的广告公司资源和广告主资源,资源的集中使得专业媒介代理公司的议价能力提高,显然电视媒体是媒介购买公司必争的媒体,但是中国电视媒体的分散化和小规模又必然导致媒介购买公司的恶性垄断。

目前,虽然媒介购买公司尚还没有达到与中国的各级电视台直接相抗衡的能力,但是,媒介购买公司起点高、资本强、机制活、服务周到,媒介购买公司通过把媒介投放集中起来,形成批量购买,增强同媒介的议价能力,反过来又利用媒介力量以及媒介的影响力提升在客户心中的价值及其广告价值。电视广告经营者需要未雨绸缪,防患于未然。

(2)广告主的理性与市场导向

我国改革开放初期,企业进入市场经济的时间相对短暂,企业广告市场化运作的时间太短,无论从实践上还是理论上,广告主还来不及在科学规范上去客观地审视和思考企业的广告行为。广告投放与实现营销目标和增加产品销售之间以及广告投放与品牌短期建立和长期塑造之间,没有一成不变的定律可循,而广告又是行之有效的营销手段之一,为了增加产品销售额和占领更多市场份额,企业不惜在广告上大量投放资金。"大资金、大投放、媒体轰炸"是常见的广告策略,而电视广告则是首选,"游击战"即广告投放一段时间,如果没有市场效果,换一个地方再试或者从头再来,也是一种常见的广告投放策略,广告投放没有系统性、科学性和长远规划。这种粗放型管理模式下的广告投放行为给企业带来了不必要的浪费,有的甚至会给企业带来沉重的负担。

可喜的是,广告主越来越理性,开始以市场为导向,注重广告的传播效果。广告主从以前的不注重广告的投入,到逐渐重视广告的效果和投资收益率 ROI (Return on Investment)。而且越是成熟的广告主,越是注重广告媒介或者广告方式的投资回报率,例如,2006 年,化妆品/浴室用品的电视广告增长呈现疲态,主要原因之一是因为宝洁削减电视广告投放的政策,作为这一行业的主要广告主,其策略的改变直接影响到整个行业的广告投放,乃至行业今后的发展走向。如今,电视广告已经不再具备以前众星捧月般的神奇效果,广告主开始注重广告的效果,广告主要求广告公司和媒体证明其广告价值,并且需要提供相关资料能够说明这种价值能够带来何种收益。成熟的广告主更注重广告效果,这从中央电视台每年黄金时段的招标可以窥探一二,每年,黄金时段招标的广告主偏重于本土企业,这是一个值得深思的问题。

(3) 受众的需求与生活导向

众所周知,电视先做好节目,然后通过二次售卖获取广告收入,通过三次售卖获取增值收入,即与电信服务商一起分享受众短信互动而带来的利润。电视受众的需求决定了电视的内容,而电视内容决定了受众的关注度,但是电视受众每天都要面对众多的广告。电视节目总是力求避免广告对于电视受众的消极影响,减少电视受众对其内容的怀疑程度。为了打动广告主,吸引广告商的广告投放,电视节目要以受众的需求和偏好为中心,因此对受众的调查和研究是必不可少的。在电视广告经营中,更多的则要考虑消费者的需求。

受众是信息时代的稀缺资源,受众的媒介接触习惯有两种倾向。一是受众的聚合,即大量观众同时关注少数几个节目。尽管受众的年龄、性别、文化程度、兴趣爱好、所在区域有所不同,但都被少数几个名牌栏目所吸引,在频道上的表现则为对综合频道的偏爱;二是受众的离散,即越来越多的兴趣爱好相近的人士形成众多相对固定的受众群,一起分享他们共同感兴趣的东西,在频道上的表现则为对专业频道的偏爱。目前的点电视广告经营更多的依赖于受众聚合的力量,而专业化频道的市场表现则不尽人意,受众离散隐藏着巨大的"蓝海"市场,而这一市场的电视广告经营还没有形成自己的特色和固定的模式。

3. 其他媒体或服务的威胁

2004年,我国网络广告收入还稍逊于杂志广告收入,2005年则远高于杂志广告收入,Zenith Optimedia预计,2008年网络广告支出将超过广播广告,收入超过了广播。可以预见,网络广告将来也会超越报纸与电视。网络广告作为现有的报纸和电视媒体的补充,将逐渐渗透、扩大到占据主导地位,担任整体营销管理中的重要角色。有学者认为,我们已经进入了一个媒介交叉化(Cross Media)的时代。媒介交叉化和媒体组合(Media Mix)听起来容易混淆,但后者只是一种媒介策划方式,即按照广告预算的多少,来选择媒体并组合在一起。媒介交叉化,针对想要传达到的信息内容和目标受众的具体情况,选择最合适的媒体,其核心在于网络媒体和传统媒体的新组合。而传播战略的发展，也由 IMC 发展到 HMC（Holistic Marketing Communications），HMC 即全方位营销传播战略。在内容和手法上，与 IMC 有很大的差别。HMC 最大的区别在于以网络媒体为轴心，采用互动传播的手法，根据信息的内容来选择媒体，进行整合传播的一个战略。就实际应用来看，以前基本上是以广告预算为基准，尽可能在多个媒体平台上发布广告。今后，将是一个 HMC 的时代。无论从哪个角度来说，电视广告都要受到其它媒体的威胁，特别是网络广告的威胁，这是一个竞合的时代，电视广告要努力开拓自己的新渠道，突破传统，而电视和网络的整合或交叉则显得尤为必要。

同时，电视广告面临着其他手段或服务的威胁，面对越来越昂贵的媒体费用，企业对能与消费者直接沟通的公关、事件营销等精细有效的方式更为青睐，其费用的增长费用，已经明显高于传统媒体广告费用的增长。企业强化在终端和消费者沟通的同时，注重以下两点：一是注重整合营销传播。企业的广告行为，并不是单一地为了提高品牌的知名度、或是建立并改变品牌偏好和形象、或是鼓励消费者尝试和购买某品牌，而是要同时完成上述目的，直接的沟通方式有助于赢得短期的销售增长，但是如果采取的方式会损害长期的品牌形象则是一种灾难。二是媒体投放和其它广告方式的组合运用。有效的直接沟通方式可以产生立竿见影的销售效果，但是短期的利益并不一定能够有效地带动品牌资产的积累，在品牌光环下的直接沟通方式才会带来事半功倍的效果。不可否认，很多跨国企业将广告投放的重点放在与消费者的直接沟通上，取得了巨大的成功。例如，英国的卡德布利巧克力公司建立的卡德布利世界、雀巢公司为其旗下的意大利面条品牌布托尼建立的凯莎·布托尼俱乐部、可口可乐、IBM 和索尼等品牌在我国的广告投放策略都是属于这种情况。但是，跨国企业有其全球范围内的雄厚的品牌资产作为后盾，这些品牌资产的建立并不只是靠直接沟通的方式取得的，它是一个长期的积累过程。因此，企业在发展过程中很注重在完成企业短期目标的基础上注重企业长期的战略性发展。而电视广告则是积累企业良好的品牌资产的广告媒体，是企业长期战略性发展的首选。同时，电视媒体为了适应广告主对广告传播的需求，需要在媒体组合上，媒体与事件组合上，跨媒体合作等方面探讨新的广告传播方式，以电视广告为核心，开拓新的广告渠道，满足广告主的需求，增强电视广告的广告效果，提升电视广告的市场竞争力。

4. 新广告媒介和新手段的威胁

日本学者植田正也在《2010年的广告公司》一书中指出：今后的10年，现在作为广告媒体发展态势良好的传统四大媒体，将会面临倒闭破产的危机，尤其是地方上的电视台电台、报社杂志社等。人们总是在指责传统四大媒体的广告效果一直在减弱，甚至根本没有达到媒体鼓吹的效果。同时，这些传统媒体过于依赖广告经营，本来就是有问题的。然而更深层次的原因，则在于泛媒介化时代的到来。住宅区的墙上、路面、楼房的墙面、海岸的沙滩、咖啡店的咖啡杯等——这些从来没有被人当作广告媒介的东西，会被媒介化，进而商品化。

泛媒介，所有的载体都可以成为媒介，广告活动也不只局限于创意、制作和发布，而是服从于"整体营销管理"。在泛媒介业态下，不具备巨额财力的中小企业总能给消费者惊奇，充分利用各种方式促销商品，而大企业也寻找着新的空间，建立自己广泛的广告媒介网络。

新的广告媒介和新手段不只是泛媒介的概念，发端于300年前的欧洲技术革命加速了知识的传播，新的技术革命给广告媒介的本质属性带来了根本性的变化，广告媒介的本质属性已经超越了原有物化的实体、时间和空间的范畴，广告媒介"力"的属性越来越明显，影响力、注意力、融合力、整合力、创造力以及小荷才露尖尖角的商务力，网络媒体的兴起，使得广告媒介能直接促进商务交流、带动销售。而这并不是广告媒介的终结本质，2004年，美国网络新闻学创始人，著名科技新闻记者丹·吉尔默在《我们即媒介》（We the Media）副标题"来自人民为人民的草根新闻"中为以博客为代表的新媒体，发表了独立宣言，提出了个人媒体的概念，如今，随着个人媒介的兴起，广告形式也千变万化。个人媒介强调人的作用，人是有生命力的、人是有思维能力的，人有物质需求和精神需求，人因此可以赋予广告媒介力量，广告媒介的本质属性因此发生质的飞跃，广告媒介因此具有生命力和思维能力。这是传统的广告媒介所不具备的。以人为中心的广告媒介是一种新的广告媒介形态，目前，虚拟社区、博客等新兴形式为广告带来了新的空间，发展势头不可小觑。而近两年流行的口碑传播和病毒式营销则已经显示了强大的生命力，病毒式营销方法并非传播病毒，而是利用用户之间的主动传播，让信息像病毒那样扩散，从而达到推广的目的，病毒式营销方法实质上是在为用户提供有价值的免费服务的同时，附加上一定的推广信息。如果应用得当，这种病毒性营销手段往往可以以极低的代价取得非常显著的效果。

近两届"世界广告大会"的主题："突破——从现在到未来"、"我们面临的挑战是什么"无一不验证着世界广告业正经历着一场"新广告运动"。然而，几年的发展却没有实质性的突破，广告依然在产品或服务上和消费者之间的中间环节寻找着解决之道，广告要么支离破碎、要么被分化离散、要么走入了整合营销传播负重累累的怪圈，而代价却是更高昂的营销成本和信息成本。在这场运动和诸多的问题面前，越来越多的新的广告媒介和新手段的涌现，这些新的广告媒介和新手段在近几年内虽然不足以撼动传统广告市场，但至少会给传统广告特别是电视广告带来一定的威胁。

1.3　电视广告经营：改良式创新

本节从整合资源经营、品牌影响力经营以及经营模式和管理模式的创新三个方面阐述电视广告经营当前的改良式创新。

1.3.1 整合资源经营

1. 电视广告资源的整合经营

电视广告的经营已经不只局限于广告时段的推销，更多的表现为整合营销传播和整合营销管理下的经营，在这种经营思想的指导下，广告经营者要充分挖掘以广告时段为中心的媒体传播的价值。目前，电视广告资源的整合主要体现在以下几个方面：

（1）电视广告时段之间的整合

电视广告经营是以电视广告时段为中心的，脱离电视广告时段，则不能称之为电视广告经营，这是最根本的一点。随着单一广告时段价值的滑落，电视广告经营从单一时段的售卖逐步发展为今天各广告时段的整合经营。广告时段的整合经营体现在电视广告经营主体全盘统筹广告时段，将各广告时段进行组合，向广告主进行售卖。电视广告时段之间的整合包括不同节目、不同频道，甚至不同电视台之间广告时段的整合。如，2003 年 10 月 18 日，全国 31 家省级卫视中的 28 家联手推出了一个广告新品，即在"整合传播"的概念下，将 28 家电视台的固定广告时段整体推出以优惠价格进行销售。这是一种有益的探索和尝试，除了是应对激烈的电视市场的竞争外，同时也可以针对媒介购买公司的强势影响，但因为众口难调，市场机制、分配机制不足，这次尝试难免造成后劲不足，不了了之的局面。因此，不同电视台之间广告时段的整合问题首先要解决的是市场机制问题，而以不同电视台参股或者强势电视台控股的媒介公司统筹运作广告的模式值得联盟广告经营模式参考。

(2) 电视广告与节目的整合

目前的主流广告经营方式还是广告经营由单独的广告部门负责，节目部门不参与广告的经营。但是，广告经营的竞争态势已经表明，广告与节目的融合的力度越来越大，因此，要充分调动节目部门的参与，这需要在电视台的战略层面，统筹安排，充分调动各方的积极性，在保证为受众提供精彩的文化大餐的同时实现经济效益的进一步增长。电视节目与广告的整合强调不只是停留在通过提高节目的收视率提升广告时段的收视效果，而是充分考虑节目特点和广告商品信息特性的基础上，将两者融为一体，将广告切入到节目运作的产业链中，在潜移默化中传播商品的信息。也就是说，传统广告时段的概念逐步在淡化，而整个节目都可以成为广告的时段或广告的载体，广告从传统的广告时段扩散到节目的整个制作和播出过程，在视频节目的拍摄阶段，可以采用植入式广告，将广告内容与情节相结合，传达商品信息，同时满足受众对节目个性化的需求，即将商品或服务的信息作为道具，引入到电视节目中，特别是置入到电视剧、电影中，通过在电视节目或者故事情节中自然地展现商品的信息，而让消费者接受广告的信息。

此外，电视节目需要在自身的品牌影响力上下功夫，提升节目自我宣传的能力，通过打造精品栏目和有影响力的主持人等方式提升栏目的广告价值。"2005蒙牛酸酸乳超级女声"使蒙牛在乳业中迅速占据了国内市场第一的位置，超级女声给予电视广告经营的启示是在节目收视率和所占市场份额之外，企业开始更加关注节目的形态是否可以和产品的营销深度融合。

(3) 电视广告与活动的整合

随着时代的发展，电视广告经营主体越来越需要为广告主提供全方位的营销解决方案。一方面，电视广告与活动的整合通过线上和线下的融合，广告和公关的整合，传播和营销的整合满足企业对市场开拓的需求；另一方面，电视广告与活动的整合可以充分利用协同的力量提升广告时段的价值。

2006年3月，山东卫视推出了大型活动《美丽山东城市形象大使大赛》，其借助"山东文博会"的新闻事件，在山东甚至全国掀起了"我的城市我代言"的城市主人翁风潮，深受民众的关注和喜爱。此次活动一方面宣传推广了山东省的文化产业盛会"文博会"，实现了山东卫视的政府窗口职能；另一方面，这样一场全民性的城市形象品牌的认知和塑造活动在全社会产生积极深刻的影响，"崂山啤酒"是大赛冠名单位，活动给"崂山啤酒"的品牌推广提供了一个巨大而优越的平台，"崂山啤酒"的品牌形象通过各种广告形式渗透到活动当中，得到了全方位的展现和推广，活动期间和随后的整个夏季，"崂山啤酒"这一啤酒品牌在山东甚至全国范围内都创下了惊人的销售业绩。

(4) 电视广告渠道力量的整合

每家电视台每年都拥有一定的广告代理公司和广告主以及固定的收视群，例如，中央电视台每年都拥有600多家广告代理公司和2000~3000家广告主及庞大的收视群。

广告代理公司拥有广泛的广告主资源，拥有强有力的智力资源，拥有丰富的行业经验。从代理渠道上入手，一方面将外部渠道转化成电视台的内部资源，另一方面，优化电视台内部渠道，在电视台——广告代理公司——广告主之间建立良好的合作机制、互动机制、互惠互利机制，加强资源的共享，加强相互间的战略合作，充分调动各方的积极性。

(5) 电视节目资源的整合

强势品牌节目资源的整合带来的市场效果是不言而喻的,为满足广大观众的收看需求,促进电视事业的发展,充分体现和确保"综合·精品"频道的定位,2004年9月1日起,中央电视台一套综合频道进行全面改版,2005年9月12日,再次实施微调。继中央电视台推出了绝对强势频道 CCTV – 综合频道,各电视台也摩拳擦掌。2006年,上海文广新闻传媒集团(SMG)对现有广播电视资源作了重大改革整合。经整合后,分成新闻、娱乐和特色板块三大部分。时任上海文广新闻传媒集团(SMG)总裁的黎瑞刚表示,2007年工作的重中之重仍然是研发、创新新的电视节目,使上海的电视节目更具影响力。从2007年起,上海新闻综合频道除了名牌节目《新闻透视》、《1/7》等全新改版外,还将重点推出辩论式谈话节目《撞击》和沪语电视新闻节目。东方卫视则将继续推广"非一般新闻、新概念娱乐"的频道定位,并在成功推出"我型我秀"、"创智赢家"后,继续酝酿推出一系列精彩"真人秀"。其他频道也纷纷在各自的频道特色上,推出新的亮点节目。近两年,SMG 推出了一批名牌栏目和新栏目。SMG 广告经营中心主任高韵斐表示,这种"优势营销,引领品牌"的品牌化经营方式,展示了 SMG "传播世界的力量"的宏伟战略和独步中国及整个华语世界的超强势传媒实力;又展现了广告经营将整合营销的理念贯穿广播电视广告事业的专业执行力,也是 SMG 与海内外各界朋友精诚合作、共同创造品牌价值的决心和气魄。

除了电视节目通过强强联合组合成一个强势的频道外,通过特有的电视节目凸显电视台的竞争优势也成了竞争的焦点。2005年,电视台增加对强势电视剧资源的争夺。在湖南卫视操作独播剧《大长今》之后,中央电视台也在同期推出了同样来自韩国的独播剧《加油!金三顺》。另外,2005年中央电视台还引进了获得艾美奖的两部美国强势电视剧,并加强对国产电视剧资源的垄断，2005年下半年，中央电视台一口气购入了10部独播剧。而号称"电视剧大卖场"的安徽卫视也加大对电视剧资源的争夺。2005年8月底，安徽卫视针对广告客户同时推出了5部卫视首播剧，并承诺了5部首播剧的收视点数。除了电视剧，新闻，包括民生新闻以及重大赛事和活动也成为了各电视台竞争的焦点。各电视台充分利用自己的资源禀赋对电视节目资源进行开发，以占领相关市场，而系列节目的深度挖掘则形成了整合的强势力量，这为电视广告时段整合奠定良好的基础。

2. 电视资源和新媒体资源的整合经营

面临竞争激烈的广告市场，电视资源和新媒体资源的整合经营显得尤为重要和迫切。资源的整合首先是节目资源的整合，其次是广告资源的整合。

美国一直走在新媒体革命的前列，电视和网络的互动传播也源于美国，CNN是美国第一个建立电视和网络互动的媒体。网络对于电视媒体起到拓展受众面和延伸其功能的作用。

在欧美电视台，一些节目在网络上24小时直播，然后在电视上播出经过剪辑的精编版，网友可以通过网络参加网上投票，评论并与真人秀的参与者做网上的交流，使这个节目一方面成为电视中的一个品牌，另一方面则成为一个在网络媒体上全天候播出的节目。较好的结合了电视和网络媒体各自的优势。

凤凰卫视2005栏目改版中，增加了许多视频互动内容，通过专业互联网视讯技术，在北京的主持人可以同时和远在美国、英国以及香港、台湾的网友进行视频对话，天涯咫尺，闻其声又见其人，效果显著。由于看好互动娱乐产业，凤凰网确定了自己以"网络中的电视媒体，电视中的网络媒体"的全新定位。这样凤凰卫视不仅提高了电视娱乐节目的互动层次，并且扩大了在美国、英国、香港、台湾的受众收视群体。广告业是依附性

传统即现代：视听产业商业模式创新

产业，毫无疑问，节目资源的整合带动着广告资源的整合。

电视和网络互动传播，中央电视台俗称台网联动，可以探索名牌节目与专题网站一体化的新的传播模式和发展模式，推进电视资源和网络资源整合的纵深发展，既借助网络媒体的优势延伸电视媒体的传播力又借助电视媒体的强势来拉伸网络媒体的影响。即通过研究节目的台网联动模式，赋予电视节目新的生命力，提高电视节目的收视率，同时赋予网络媒体丰富的内容。电视和网络优势互补、电视和网络的互动传播必将为节目带来最佳的传播方式，其中，电视节目是核心，是互动拓展的原动力，电视媒体是节目传播的主要通道，网络媒体是节目进行互动的舞台，也是节目向深度和广度传播的前提和保障。电视节目借助更多的传播手段和传播通路才能获得更多的受众，同时也可以建立一个多媒体整合的立体化的传播平台。依附于传统媒体，网络媒体也会有更大的活力。最终的结果是实现电视和网络双赢的局面。

电视媒体与网络媒体的资源整合，可以扩展节目的时间和空间，扩大节目的收视群体；网络媒体通过纵向联合电视、横向联合相关网站、手机、报刊等媒体，实现立体网络化交互联盟，发挥视频领域的集成与主导运营作用，可以拓展电视和网络的传播与发展空间，提升电视节目的竞争力。

电视和网络的联动，不仅是电视节目与网络节目的联动，而且还是电视广告与网络广告的联动，经营的联动。台网联动凝聚并聚合资源，通过网络平台形成合力，其给予电视台的经济价值和社会价值是不可估量的。2006年世界杯期间，中央电视台建立了"台网联动"的广告营销模式，网络广告与电视广告实行捆绑销售，依托电视广告丰厚的客户资源，注入新型的网络广告形式，为广告部指定的17家大客户发布网络广告599条。台网联动广告模式，充分利用了台内资源，节约了客户的营销成本，把电视、网络两个平台整合为一个统一的平台,更好地发挥了中央电视台的品牌价值,为客户提供了超值的整合传播服务。

3. 专题分析:专业化电视频道的广告经营

美国的电视市场,很久以来一直由 ABC、NBC 和 CBS 三大无线电视网瓜分天下。但从 20 世纪 80 年代开始,三大电视网的收视份额大幅下降,取而代之的是依托品牌优势在市场中崛起的一些专业化频道,如 HBO(家庭影院频道)、Discovery(发现探索频道)、CNN(新闻频道)和 ESPN(娱乐体育频道)等。国际电视业的发展表明,实现频道专业化,进而实现频道品牌化正是电视业发展的方向。

中央电视台以其资源和影响力优势以及前瞻性的战略眼光,在频道专业化方面走在了全国电视台的前面。1999 年,中央电视台开始大力推进以"频道专业化、栏目个性化、节目精品化"为核心内容的宣传改革,从 2000 年开始,加强频道管理,分批试点进行频道制改革。电视宣传的方式、手段和效果都发生了显著的变化。目前,央视在保留综合频道的同时已经拥有了包括新闻、经济、体育、综艺在内的 15 个专业频道。2005 年初,赵化勇台长提出了"频道品牌化"的发展战略,这是中央电视台在频道专业化布局基本完成,节目品质全面提升之后所启动的新一轮改革。为了保证这一战略目标的实现,央视制定了两个转变:由频道专业化向频道品牌化转变,由节目中心制管理向频道制管理转变。同时提出了频道考核的两个指标:频道收视指标和频道收益指标。与此同时,各地方台也开始了频道专业化的探索,例如,浙江电视台教育科技频道较早提出并实施了"专业化、市场化、品牌化"的"三化策略"和"化专为广,化广为专"的破题方式,在地方电视台频道专业化方面积累了一些经验。

然而,专业化电视频道的广告经营则处于弱势,从中央电视台的广告收入主要来自于综合频道可见一斑。目前,专业化频道的广告经营在很大程度上还是依托于综合频道,其广告时段与综合频道的广告时段搭配销售,专业频道自身的广告价值还没有被开发出来。但我们同时应当看到,广播电台的频道制改革,为广播电台带来了又一春,例如交通台的崛起。专业频道拥有稳定的观众群体、拥有准确的节目定位和市场定位。专业频道的广告潜力巨大。

专业化频道的广告经营要与专业化频道的特点相适应,综合频道的电视广告经营以大众为基础,而专业化电视频道的广告经营则以分众为基础。专业化频道的广告经营首先要解决广告投放的规模,为此,需要强化广告媒体的组合。

广告媒体组合的根本目的在于充分利用媒体各自的特点,扬长避短,形成协同效应,达到媒体资源的最佳配置,从而使得广告主以最优的广告投入取得最大的广告效果。

媒体组合包括二个层次的组合,其一是媒体类别的组合;其二是媒体载具的组合。媒体类别的组合是指一系列传播工具的组合,即指依据媒体传播形式划分的电视、广播、报纸、杂志、网络和户外等媒体的组合。媒体载具的组合,是指媒体类别下再细分的传播工具的组合,所谓载具是指媒体中某一种传播工具,例如《CCTV-少儿》是电视媒体中的一种;《北京青年报》是报纸媒体中的一种。由于特定的载具具有不同的覆盖区域和受众群体等因素,影响力也有很大的区别。专业电视频道的广告经营组合并不只是局限于具有相同属性的节目广告时段的组合,而是在充分广告主对广告时段和受众群体要求的基础上,扬长避短,即可以实现跨媒体的整合,又可以在各频道之间、各栏目之间进行广告时段的整合。

专业化电视频道的广告时段的组合没有固定的模式可以遵循。广告主作出媒体决策前,要充分考虑媒体环境的改变、广告的媒体目标、目标市场上消费者的媒体接触习惯和对媒体的偏好、目标消费者和广告媒体受众的统一程度、产品性质、竞争对手的媒体策略以及媒体自身的特性。因此，专业化电视频道之间的广告媒体的组合需要满足以下六个方面的要求：和其他广告方式和营销策略相得益彰；有利于品牌资产和传播效果的双重建立；有利于广告实施的系列化；有利于广告内容有针对性地到达目标公众，影响目标公众；有利于企业针对市场开展有利的进攻和实施有效的防御；媒体投入与市场效果之比最优化。

1.3.2 品牌影响力经营

品牌是现代传媒竞争的有利武器。不同的电视台有着不同的品牌影响力，中央电视台强调强势品牌影响力，省级台强调区域品牌影响力，而城市台则强调本地化节目亲和的品牌影响。

1. 中央电视台的强势品牌经营

2005年中央电视台开始全面实施品牌化战略，品牌化建设成就斐然。2006年，通过频道、栏目、节目的不断创新，中央电视台品牌化建设再创佳绩，收视份额较2005年上升近1%，达到了35.13%。"中央电视台频道品牌化建设"入选"2006年中国新闻界十件大事"。中央电视台的品牌价值得到国际认可，2006年再度入选世界品牌500强，排名跃至299位，比2005年提升42名。同时，中央电视台连续三次入选"中国500最具价值品牌"，品牌价值达到622.90亿，在媒体品牌中一直处于第一位，远远高于第二位的媒体品牌凤凰卫视，凤凰卫视的品牌价值为231.90亿元。

（1）以一套为旗舰，引领专业化频道群[①]

中央电视台的总体战略是，既要主旋律，也要收视率，立足中国，又放眼世界。中央电视台以强势的第一套节目为旗舰，引领其他15套特色化

---

① 张海潮.《眼球为王：中国电视的数字化、产业化生存》，华夏出版社，2005年.

与专业化的频道群。其核心竞争力是崇高政治地位所享有的权威性，重要信息源的独占性，以及资金、人才、设备、规模和品牌优势。目前的主要竞争对手来自省台上星频道群和凤凰卫视等30来个国外和港澳地区在中国内地部分落地的电视频道。

中央电视台在中国电视市场格局中的超强势地位暂时无人可以撼动，它的市场目标既在国内也延伸至国际。而且，近年来，中央电视台加强了发展创新的步伐，在节目创新、经营创新和管理创新等各方面都走在其他电视台的前面，加强了对核心资源的把握，提高了节目质量和公信力，扩大了现有频道群的影响力。同时，加强了进军新媒体领域如付费电视、网络电视等方面的力度。通过更科学的规划和配置，以达到资源利用的最优化。

经营的基础已经牢固，而中央电视台的系列经营措施更让中央电视台独树一帜。

（2）概念主导，精耕细作

中央电视台在过去几年中，不断创新经营理念，发挥"概念营销"的威力。例如，2001年，以客户为中心；2002年，投身经济主战场；2003年，媒介是企业的战略性资源；2004年和2005年，影响力营销；2006年，全面市场驱动。在概念营销的主导下，中央电视台广告部实现精耕细作，对此，中央电视台广告部何海明博士作了如下阐述：

2002年提出了投身经济主战场，这里有两个含义：一是重点地区开发，促进地区经济开发，打造品牌基地。二是行业开发。中央电视台从2001年12月8号在泉州开了推广会，此后在全国20多个个大城市进行推广，与更多的企业面对面的接触。在2005年10月在全国办了较大规模的推广会有100多场。以福建为例，福建省成为继广东、浙江之后的另一个重要的基地，该地区以民营企业、服装企业居多。

2003年提出媒介是企业的重点，中央电视台要帮助企业策略性地用好媒介战略资源，与客户建立战略合作伙伴的关系，跟很多企业召开头脑风暴会。在这样的会上，邀请中央电视台的节目部门，企业和广告公司一块来参加，一起来探讨新的广告和节目的合作形式。媒介是企业的战略资源，更多的企业建立战略合作伙伴关系，像宝洁、中石化、长城润滑油都参与了这样的研讨会。2004年10月29号与招商银行签约了战略合作伙伴协议，它的品牌传播主要通过中央电视台，另外优先在中央电视台投放广告的企业提供贷款的优惠。这是跟招商银行签约的战略合作伙伴协议。同时，中央电视台会组织很多员工深入到蒙牛、海尔等企业去参观，去学习、改善企业的先进的管理经验。

2004年又提出影响力营销，提升媒体的影响力，同时协助企业用好媒体的影响力。2005年下半年，推出相信品牌的力量，依托媒体品牌，与企业品牌互动捆绑，助推品牌中国。

（3）以客户为中心，和代理公司共赢

作为唯一的国家级电视台，中央电视台具有其他媒体不能匹敌的品牌优势和资源优势，可以说，中央电视台就算足不出户，广告部也是门庭若市。然而，从2001年6月19日开始，中央电视台在广告经营上正式告别了坐等客户上门的"坐商"方式，提出了"以客户为中心，面向市场需要，面向客户需求"的策略。同时，中央电视台广告部将口号化为行动，以积极务实的客户服务证实了"以客户为中心"的分量，证实了自己的媒体信赖度。

此外，中央电视台实现全面的代理制，与广告公司一起打造营销渠道，所有的广告客户的合同都是通过广告代理公司签约。每年，中央电视台都要评出年度十佳广告公司，同时加大了对优秀代理公司的表彰，系列措施，不仅加强了中央电视台广告经营渠道的建设，而且为广告主提供了更专业的优质服务,即保护了广告公司的利益,又保护了广告主的利益,提升了广告公司的积极性,为推进中国媒体业和广告业的共同发展起到了积极的作用。

2. 省级台的区域品牌影响

省级电视台一方面凭借其卫视频道图谋着全国市场,另一方面也想牢牢占领本地市场,省级电视台一方面面临着中央电台和境外电视台的竞争压力,另一方面又面临着城市电视台的威胁。为了更好地发展,省级电视台从来没有停止过对广告经营模式的探索,虽然省级卫视的广告联盟运作方式昙花一现,但各省级电视台的广告经营模式却各有千秋,经营上的亮点层出不穷。以广东电视台和福建新闻频道为例:

(1) 广东电视台:"本地郎"对"外来媳妇"

与大部分电视台广告收入以电视剧为主的方式不同,广东电视台的广告创收主要是自办节目。广东电视台坚持内容为王的原则,注重"民生性"、"生动性",抓住"观众钟爱跟自己生活关联度较高的信息",在珠江频道推出了用粤语播出的一档新闻节目《今日关注》,其主要内容就锁定在本地百姓的生存状况,"关注与百姓息息相关的事件和信息"。

自拍情景喜剧《外地媳妇本地郎》以普通老百姓的视角展现百姓生活,极富地域特色,开播至今已经冲向1000集大关,2004年最高收视率接近22个百分点,稳居收视排行榜首,广告收入过亿。"这不仅压倒全部境外电视剧,而且创造了广东甚至国内电视剧播出的奇迹。"目前广东电视台自办节目约占整个播出节目量的半数以上,在国内同质化严重的电视节目市场中一枝独秀。

(2) 福建新闻频道:树立品牌,走专业路线

做福建的CNN是人们对福建新闻频道的期望。创立于1999年作为国内第一家专业电视新闻频道,在经历了两年曲高和寡的惨淡经营之后,福

建新闻频道打出了"节目贴近市场、收视拉动经营、频道服务客户"的广告经营路线，在2004年实现广告经营总额1个亿，以新闻频道的姿态成为福建省广告创收大户。

亮点之一：高品质、高质量为福建新闻频道树立了良好的品牌形象。对广告时长进行严格的控制，甚至低于国家规定标准，严格限制医药类广告，节目间实现无缝链接，这使得广告时间观众的保留率高达96%，广告收视率基本等同于节目收视率。

亮点之二："以节目带动市场、以热点事件刺激行业销售。"近年来随着国家经济形势的良好发展，汽车、房地产等行业逐步走俏，福建省内的民营企业渐次崛起，新闻频道看准这个形式，通过主办汽车博览会、房产住交会以及相关资讯节目，民营企业家访谈节目等方式，既刺激了行业增长带动企业进步，又继而大大激发了相关行业和企业的广告投放兴趣，由此形成良性往复。资料显示，现在汽车、房产、金融等行业已经能为频道贡献近千万元的广告收入。

亮点之三：挖掘专业频道优势——"充分利用突发性重大新闻事件的报道资源创造增收。"近年来国际上地区局势日趋紧张，战争的爆发和恐怖袭击事件带来了我们不愿意看到的悲剧，为和平世界抹上了阴影。但另一方面，对于一个专业的新闻频道，这却是巨大的资源，对于企业来讲，这也是投放广告的时机。"伊战"期间，新闻频道凭借敏锐的专业直觉和洞察力提前嗅到了战争爆发的味道，提早做出了报道准备，在战争爆发当天即从容不迫的为很多企业实现了广告投放的追加。并且新闻频道还特别为企业设计了"呼吁和平式广告"，为企业增加了人民的好感度。"伊战"报道创造了新闻频道年度收视高峰，也为频道带来数百万广告增收。福建新闻频道让国内电视媒体看到了频道专业化的前景，为目前经营状况并不佳的国内专业频道的生存发展树立了榜样。

3. 城市电视台的本地品牌优势

城市台由于本地化的亲民优势，曾经被广泛看好，但是随着电视产业的激烈竞争，中央电视台、省级卫视频道和省级地面频道都给资金、技术、人才等各方面都比较匮乏的城市台带来了巨大的威胁，城市台节目质量低下，城市台逐渐边缘和衰落。由于省级地面频道同时拥有区域性政策优势，城市台靠政策的区域保护的日子也已经远去。尤其是在经济不发达的城市，省级台基本上占领了本地广告市场。此外，城市台经营意识、营销和服务意识淡薄，经营观念的落后，专业化水平不高，这些都是城市台所具备的不利因素。

城市台的优势曾经保持在民生新闻上，但是，民生新闻可复制性强，许多电视台一哄而上，由于制作团队、节目经费跟不上，导致优秀的民生节目少之又少，影响了节目的质量和市场竞争力。城市台的广告经营也处于不利的局面。处于层级竞争分明的电视产业格局中，城市台处于绝对劣势地位，但是，作为金字塔底端的电视媒体，城市台拥有最为广泛的经营群体，而群体的联合力量是无穷尽的，但是这种联合的力量需要强势品牌的带动，因此，在未来的竞争格局中，城市台凭借其广泛的渠道资源，也将占领一席之地。

在新的电视产业竞争格局中，城市台除了要在管理上下苦功，同时也要在各层级电视台之间找到合适的战略合作伙伴。

1.3.3 经营和管理模式创新

1. 电视广告的经营机制创新

电视广告的经营要有符合与广告市场竞争相适应的游戏规则、经营机制和管理机制，电视广告经营的机制创新，一方面是为了高屋建瓴，优化资源配置，提升电视的广告价值，提升电视广告竞争力，建立电视广告的

专题 1　电视广告经营非颠覆式创新

可持续竞争优势；另一方面是为了不断完善，建立一套适合市场运营的激励机制、管制机制、考核机制、部门协调机制。再者，是为了适应新的媒介环境，为广告经营提供新的配套机制。

　　传统方法上，电视广告经营的机制创新，主要集中电视台针对广告经营部门的激励，广告经营部门针对广告从业人员的激励机制的创新以及广告部门与节目部门经营的联动上。人员激励方面，各电视台目前已经形成了一套稳定的模式，例如一些电视台实行提成制，广告部门的经费从上年度的广告创收额中提取一定的比例，部门主任有相对自由的支配权。例如江苏电视台 4.5%，南方电视台 6%，贵州电视台 5%，广州电视台 8%，而武汉电视台高达 11%。多数电视台对广告业务员也制定了有效的激励机制，将业务员的工作绩效与工资和提成比例以及奖励措施挂勾：广州电视台有一部分人员的工资完全靠提成，根据广告难易程度确定提成比例，最高提成 12%；武汉电视台业务员完成任务后根据业务难易程度给予 1%～10% 奖励；广东电视台业务员完成 5 千万广告额后，按照 8‰ 进行奖励。这些方式对推进广告部的业务起到了积极的作用。广告与节目的联动经营是为了将节目的受众群体、广告受众和目标消费者在最大程度上重合。这一机制特点主要体现在广告部门介入节目的购买、生产和编排。如武汉电视台的广告部对电视剧的购买具有否决权，节目必须经节目中心、总编室、广告部三方签字才可以通过。湖北电视台的广告部对电视剧购买有建议权，并且在主任间有不定期的沟通。有的成为例行的定期沟通，如浙江广电集团每周召开分管副台长主持的编务会，协调频道之间、节目与广告之间的矛盾；南方电视台每月有一次编辑会，广告部把客户和代理公司对栏目的意见反映给频道总监。但是这两个电视台的广告部对电视剧的购买都没有参与权。而厦门台广告部参与栏目与电视剧购买的听证会，并对电视剧的购买具有决策权。在行政关系的体现上，有的电视台总编室权力大于广告部,如湖南电视台。① 相反,为了促进节目部门的广告经营积极性,在对节目部门实现严格考核的基础上,同样需要探讨相关机制调动节目部门参与或促进广告经营的积极性,这是今后经营机制创新的重点之一。

目前,电视广告经营机制的创新主要集中于对电视媒体和新媒体经营的联动机制的探索。前面的问题分析和竞争态势分析足以表明电视媒体和新媒体联动经营的必要性和紧迫性。新媒体具有海量存储、互动传播、动态传播等特点,这是电视媒体不具备的优势,两者的联动可以为电视广告带来新的发展空间,也是电视广告新的盈利增长点,更是电视广告面对新媒体广告威胁的有效措施。

2. 电视广告经营模式创新

目前,电视广告创新的经营模式可以借鉴的主要有两种:美国模式和南方传媒模式。

(1) 美国模式

地方电视台通过播放全国电视网提供的插有广告内容的电视节目,获得由电视网为此支付的报酬。美国的全国电视网在与各地电视台的合作中,也往往采取广告灵活覆盖的办法,在全国性的电视网向各地电视台提供的全国性电视节目中,地方电视台也可以通过协议插播一些本地客户的广告。这样一来,节目还是全国性的节目,但广告部分除了有全国性电视网的客户提供的覆盖全国的广告外,在各地还有一些覆盖当地市场的广告。当然,如果全国性的电视网的某个客户只需要在某几个地区投放广告,那么全国性电视网也会通过与这几个地方电视台达成协议的方式满足客户的需求。

---

① 王菲.《我国电视台广告经营机制创新的初显特征》,《国际新闻界》,2004年第五期.

(2) 南方传媒模式

自从政府批准境外媒体在广东落地之后，在中国广电市场中，就没有一个地方媒体像广东电视媒体这样内忧外患过。且不说南方日报集团等强势媒体的市场竞争，作为中国唯一向境外媒体开放的省份，八大境外频道一度以70%的市场占有率让广东电视媒体严重觉得呼吸困难。内忧外患之下，广东电视媒体走向了联合发展之路，南方广播影视传媒集团诞生了。

通过"整合资源，联合发展"各地市台可以依托省台的技术设备人力物力以及资源优势，全面提高各地市收视率。联合舰队在广东搭建起了一个全省联网强大覆盖的运行平台，改变了全省电视广告经营一盘散沙的局面。在这个覆盖全省的强势收视平台上，客户可以更轻松的实现广告的高质量多区域播放。2004年末，南方传媒收视市场份额超过境外频道，跃居广东境内外电视媒体市场收视首位。"整合资源，联合发展"是内忧外患的产物，更是置之死地而后生的崛起。这种方式值得经济实力比较薄弱的省区研究借鉴。

3. 电视广告形式的创新

电视广告的形式已经不只局限于传统的5秒、15秒、30秒等硬广告形式。2005年9月，一档《你说吧》的综艺互动电视节目在华娱卫视播出，这档新型的节目是国内首次跨媒体技术的应用。它将电视分屏技术与移动增值运营相结合，做到了在不打断观赏节目连续性的同时播放广告，符合观众的观赏习惯，增强了节目的可视性和与观众的互动性。2003年4月10日晚7点53分左右，中央电视台一频道播映了中国首部超长5分钟广告片《威驰新风》吊足了受众胃口，也赚足了受众眼球。2004年6月至8月期间，四川电视台广告部针对四川电视台公共频道"830剧场"和四川卫视的"天府大剧场"，开发出电视网络短信互动创新广告（剧集片头、片尾15秒短信业务广告+网站短信频道广告+电视报宣传广告+短信下行数据广告），并首次通过整合平台招商方式，引来国内乳制品巨头"蒙牛乳业"的加盟，推出"看大剧，中大奖，蒙牛带你草原游"有奖收视活动。活动推出以后，在全国观众中产生了巨大反响，剧场收视率节节攀升，参与剧情问答和剧情评论的观众不断增加。据不完全统计，整个活动期间参与观众人数达到12万余人次，短信发送条数达到35余万条。诸如此类的广告形式还有很多，不一枚举。

　　数字媒介环境下，新闻模式变革着，传播模式变革着，受众收视行为也变革着，传统的电视广告形式，所播放的广告信息不可能都是受众关心或者需要的。当受众没有广告信息需求的时候，传统的方式只能通过强化的方式，通过增加播出的频次等方法，引起消费者的注意和兴趣。而当受众有广告信息需求的时候，其所看到的广告信息不一定是其所想要的，因此，导致了受众对广告信息的接受是一种被动的状态。

　　传统的广告形式已经很难有新意，也很难取得良好的广告效果，广告形式的创新，开发电视广告新品种正是为了适应克服传统模式的缺点，适应新的传播模式，为企业量身定做各种广告方案，寻求更具有传播效果的广告形式。中央电视台广告部在这方面也一直走在各电视台的前面，中央电视台根据客户的个性化特征和差异化广告传播要求，量身定做最契合的广告方案；此外，还设置针对不同企业、不同投放层次的套装方案；一些大活动、大节目的冠名或特约播出，都尽可能选择和节目属性关联性强的企业来投放。在新闻频道中，中央电视台广告部还专门为不同行业设置了专门的广告时间，类似于"汽车高速路"、"国际品牌时讯"之类的广告栏目不断出现。

　　4. 电视广告的集约化经营

　　集约是相对粗放而言，集约化经营是以效益（社会效益和经济效益）为根本对经营诸要素重组，实现最小的成本获得最大的投资回报。电视广告的集约化经营需要以客户为中心,强化品牌意识和服务意识,保持节目市场良好的收视份额,建立特色的经营品牌,进行专业化经营。

(1) 人才的专业化

广告经营领域的竞争同样也是人才的竞争,电视广告的资源也要把人才纳入到其资源范围,作为宝贵的经营资源进行开发。人才资源的价值是无限的,好的媒介策划人员和媒介研究人员能提供广告主急需的经营品种,广告时段的价值加上智力服务的价值可以带给电视广告经营单位无与伦比的市场竞争优势。电视台广告经营部门的专业化人才有两个来源,一个是自己培养,另外一个是充分利用广告代理公司的人才资源。优秀人才的集中或者借用都可以实现电视广告经营的专业化。

(2) 广告经营的专业化

广告经营的专业化体现在以下三个方面:

第一,以客户为中心。近年来,随着广告市场的成熟和竞争加剧,电视广告经营越来越专业化。2001年6月19日,中央电视台广告部在上海召开"媒体、企业、广告公司互动研讨会",会上首次提出了"以客户为中心"广告经营理念,此后,中央电视台将这一理念逐步落实到实际工作中,尽力满足广告主的需求,为广告主提供良好的服务。针对客户的需要,中央电视台广告部不断分行业细化服务,安排特定的团队面向特定行业提供有针对性的深度服务。经营团队除了要全面了解行业的最新资讯,同时还要与行业主管政府机构和行业协会、相关专家建立广泛的联系,为客户提供全方位的服务,并为他们解决实际问题。此外,中央电视台广告部安排特定的人员为大客户提供一对一营销服务。围绕以客户为中心理念,其他各级电视台也作了许多探索,如福建电视台为客户事前提供市场分析、事后提供播出评估,注意同类产品广告、消费心理不同的产品广告不同时播出。

第二，专业服务水平的提高。各电视台广告部为了提升电视的广告价值，吸引广告主的投放，加大了对电视广告研究的力度，通过实实在在的数据，为广告主的广告投放提供科学的参考。河北电视台从1997年就开始购买央视——索福瑞的收视率调查报告，在当时电视台领导并不支持的情况下，广告部自己掏钱，如今，河北电视台广告部的专业水平已经大大提高，广告经营额也高速增长。同时电视台广告部为了提升广告经营人员的专业水平，采取了集中学习、培训和专家授课等各种方式。各电视台在内部实现架构调整，提供专业服务。过去中央电视台广告部只有两个科，业务科和咨询科，现在根据市场的需要，设立了11个科组，面向客户提供服务。比如，有专门针对国际客户的沟通服务小组和广告公司的服务小组，有为企业提供整合传播和策略研究的服务小组。此外，各电视台加强收视群体的研究，根据受众的收视习惯和收视排好编排节目。为了促进各栏目组提高节目水平，各电视台建立了自己的节目评价措施和考评体系，例如，中央电视台采取"末位淘汰制"成效显著。

第三，积极开展广告营销。中国媒介市场供求关系已发生改变，电视媒体广告经营从"酒香不怕巷子深"的卖方市场，逐步走到如今媒介百花齐放的买方市场时代。处于半开放状态的中国电视媒体开始走向理性的市场运作，原有的以体制资源为导向的传媒经营模式向以市场资源为导向的传媒经营模式过渡。为了在激烈的竞争中获得广告主的青睐，近年来，各电视台广告部主动走出去，积极开展广告推介会，即从原来的坐商变成每年都要在全国各地召开系列大型推介会的行商，中央电视台甚至走出国门，在海外召开广告推介会，吸引国际大广告主的关注和广告投放。电视媒体开展的广告营销活动，加强了媒体、企业和广告公司之间的交流和沟通，缩短了媒体和广告主之间的距离，广泛地建立了合作意向或合作关系，为取得广告经营的成功奠定了基础。例如，每年中央电视台都要在全国重点地区、重点行业举办了几十场广告资源推广会，湖南电广、安徽卫视、江西卫视、福建电视台等地方台也纷纷走出本省，介绍各自的广告资源优势。

5. 电视广告经营的规范化管理

广告的专业化经营需要广告管理的规范化与之配套。广告的规范管理可以充分整合广告资源、媒介资源和人力资源，通过统筹安排，充分挖掘媒体自身的广告优势，进行统一的科学的调配，形成整合的优势。近年来，广告管理规范化的一个亮点就是加强内部控制和管理，这与中国电视广告经营的历史无不相关，电视广告经营初期，电视广告奇货可居，人情广告、全员广告模式层出不穷，这在电视广告经营的初期起到了一定的作用，但是不利于电视广告经营的可持续发展，而且产生了诸多遗留问题。例如广告经营专业水平底下，价格混乱等。因此，在强化内部控制和管理中，又对广告价格的控制、对业务以及客户部门的规范管理问题尤为重视。例如，从2001年10月1日起，河北电视台旗下6个频道严格控制广告价格稳定在5折以上；2002年起，上海文广集团整合后的所有媒体的广告折扣不得低于7折；2003年开始，北京电视台的广告执行价格也至少在7折以上……这些做法对于稳定电视广告市场起到了积极的作用。

1.4 案例：台网联盟，台网双赢新模式

2007年，广电系统将把净化荧屏视频、坚决抵制低俗之风作为宣传管理重点，加强对法制类、娱乐类特别是选秀类节目的管理，提倡主旋律，确保节目质量健康向上、有益无害。为此，广电总局春节前出台政策，对选秀节目进行规范，对各地卫视选秀节目的数量和播出时段作出限制，确

保今年不能有三家卫视在同时段播出选秀节目。此后，广电总局更严格规定：选秀类活动的播出时间不得超过两个半月。

近两年，风起云涌的选秀节目给观众带来了全新感受，给商家带来了无限商机，同时也引发了无休止的争议，赛程缩短无疑会影响商机，播出周期缩短，各卫视频道势必会寻找新的对策，选秀节目将掀起新一轮的更为激励的竞争。中央电视台更应审时度势，积极应对，探索新的选秀类节目的新模式，抢占先机。

1.4.1 选秀类节目的台网联盟模式

1. 选秀类节目的基本模式

2005 年，以《超级女声》为代表的选秀节目横扫荧屏，2006 年，《梦想中国》、《超级女声》、《我型我秀》、《加油！好男儿》、《绝对唱响》、《名师高徒》等一批电视选秀节目之间的竞争更是如火如荼。纵观诸多选秀节目，有一个共同特点，即借电视媒体的强势来拉伸网络媒体的影响以及借网络媒体的优势延伸电视媒体的传播力。在这个基础上，构建了选秀节目的基本模式：金字塔的媒体体系和传播模式，即前期以网络媒体报道为主体的海选阶段逐渐深入到后期以电视直播为主体的决赛阶段。网络媒体的海量性以及草根性使得受众能便捷地全方位关注选秀活动，参与选秀活动，从而互动互乐。而其精美的电视表现手法则将活动推向一个又一个高潮。

2. 选秀节目的网络传播价值

选秀节目持续走高的收视率与网络平台的支持是分不开的，以 2005 年的《超级女声》为例，截止到 2005 年 8 月 18 日 22：00，百度贴吧的"超女"前三名相关发帖量超过 1000 万，平均每秒就有 4 个人同时发布和"超级女声"相关的帖子。而仅仅在"李宇春吧"有 417178 个帖子，"周笔畅吧"有338313个发帖量。而参与的人更多——有的帖子点击率高达440476，回帖23069，点击率数万、数十万的帖子比比皆是，"超女"官方网站新浪的评论也达到了315万条、论坛37万帖。其他各大门户网站都有关于"超级女声"的专门论坛。网络为粉丝们建立起一个有效的交流和互动的空间，同时也为选秀节目积聚了火爆的人气。

另外，从长远来看，截止到2007年3月2日14：00，在百度的"李宇春吧"，共有主题数1577404个，贴子数30579702篇，会员数18637。从417178个帖子到30579702个帖子，帖子从十万级到千万级的发展充分说明选秀节目带给网站的是长远的持久的影响。

3. 选秀节目的产业价值

我们再分析一下与"金字塔"格局相一致的选秀节目的产业链价值，选秀节目产业链上各环节主体包括：节目制作商、节目品牌运营商、赞助企业、广告代理商、电信运营商、短信增值服务提供商、娱乐包装公司和网络公司。社科院2006年1月发布的"文化蓝皮书"追踪了2005年《超级女声》的整个产业链条，蓝皮书认为：按照产业链主要环节直接产生的经济收益来看，"超女"的经济效应已非常明显，各环节的直接参与者所获得的直接经济回报累计已超过7.66亿元。按照上、下游产业链间倍乘的经济规律分析，"超女"对社会经济的总贡献至少达几十亿元。按照品牌估价的一般方法，目前其品牌的商业价值将超过20亿元。

4. 限令后的选秀节目竞争走向

2006年，为了增加收视率，赚取短信收入，有效地吸引广告商，各电视台把选秀节目拉长，也就是说，限令前的选秀节目显现地表现在偏重于金字塔顶端的竞争，即延长电视节目的播出周期。限令的出台，势必会造成选秀节目的运作向金字塔中、底端的转移，即充分挖掘网络媒体的潜能和盈利能力。此举即可以为观众提供更为精品的视听文化大餐，同时又让观众通过网络乐在其中。从这个角度来说，限令的出台有以下三方面的积极作用：第一方面，整体上将会规范电视市场，净化荧屏，减少恶性竞争；第二方面，客观上促进了选秀节目向自然状态的回归，即选秀节目的草根性，这种草根性将从由草根明星为主体到以草根大众为主体的转移，网络媒体将发挥更大的作用；第三方面，对电视台产生一个正确的引导，促进电视节目由粗放到精品的转变，只要节目质量过硬同样也会有很好的收视效果，广告商也会得到更好的回报，同样，只要措施得力，通过网络也可以实现节目的多姿多彩，并取得巨大的经济效益。

5. 中央电视台的发展思路

中央电视台拥有良好的品牌资源、明星资源、栏目资源以及以 PC、IPTV、手机、电视机为接收终端的多渠道终端接收资源，诸多资源天然地赋予了中央电视台选秀类节目无与伦比的竞争优势。因此，考虑到中央电视台工作重心和发展规划，选秀类节目的"金字塔式"媒体传播格局可以设想为：中央电视台的品牌资源、电视栏目播出时段构成了金字塔的顶端；中央电视台的明星资源、广告主资源以及战略合作资源构成了金字塔的中上层；PC、IPTV、手机、电视机等终端接收资源以及网络联盟、网报联盟资源构成了金字塔的中下层、而金字塔的底层则为网民和观众资源，即通常所说的草根媒体，包括博客、虚拟社区、论坛以及线上和线下人与人之间的社会关系、共享资源等。不言而明，金字塔的主轴是选秀活动。而选秀节目的产业链则在这个格局中淋漓尽致的显现出来。在这个媒体传播格局中，将中央电视台的电视频道、手机电视、IPTV 以及网络媒体结合起来，充分发挥各自的优势，互动互利，增强中央电视台节目和活动的影响力，既可以为观众提供喜闻乐见的节目，让观众通过各种形式有滋有味地参与其中，又可以牢牢把握中央电视台作为标杆性媒体的社会责任，正确引导娱乐节目的风向和潮流。

总之，中央电视台拥有选秀节目产业链环节上应必备的各种资源，如果中央电视台将选秀类节目以及其他名牌栏目通过台网联盟的方式固定下来，凝聚并聚合资源，通过央视国际（现央视网）网络平台形成合力，其给予中央电视台的经济价值和社会价值是不可估量的。

值得强调指出的是，过去一年央视国际台网联盟实践所积累的良好经验，无疑将会为这场竞争以及增强中央电视台的核心竞争能力加上重量级的砝码，实现台网双赢，为中央电视台找到新的经济增长点。

1.4.2 台网联盟：选秀节目新活力

央视国际网站是以央视为依托，集新闻、信息娱乐、服务为一体的，具有视听、互动特色的综合性网络媒体，其目的是让CCTV随时随地，无所不在。央视国际在以往的台网联盟实践中，特别是在"以台网互动延伸电视平台——实现台网联动、内容联动，台网联盟、广告联盟；以网络联盟拓展央视国际的发展空间；以电视明星博客开创个性化互动传播平台"等方面取得了显著的效果，具体来说，央视国际具备以下几个方面的特殊优势为选秀节目带来新的活力：

1. 大型活动和特别节目的网络报道经验

目前，中央电视台任何一个大型活动、特别节目除了有电视报道方案，还有网络报道方案，网络报道方案是整体方案的一部分。去年，央视国际在CCTV第12届青年歌手大奖赛、我爱世界杯、我的长征、多哈亚运会等活动中，实行了台网联动、探索了鼠标加遥控器相结合的联动模式，用台网联动延伸电视平台，探索了以精选品牌栏目为基础，促进电视制作队伍和网络制作队伍的结合，进行了多媒体的策划和跨终端的传播模式，在电视和网络之间形成了一个非常好的互动和补充机制。这为中央电视台选秀类节目参与新一轮的市场竞争奠定了坚实的基础，系列经验将为解决在金字塔式的选秀活动中出现的各种媒体间的有效衔接问题提供借鉴。

2. 合纵连横，拓展新空间

央视国际通过纵向联合电视、横向联合相关网站、手机、报刊等媒体，实现立体网络化交互联盟，发挥视频领域的集成与主导运营作用，拓展中央电视台和央视国际的传播与发展空间。

央视国际与专业媒体和专业团体合作凸现了央视国际权威和专业。在青年歌手大奖赛和世界杯期间，央视国际推出网络联盟，与新浪、搜狐、TOM、腾讯等大的门户网站以及相垂直和专业网站进行合作，与中国移动和中国联通两大运营商一起合作，共同打造网络联盟，世界杯期间还与北京的网吧联盟、酒吧联盟进行合作，举行线下宣传推广合作，开创性建立虚拟合作模式。此外，央视国际在网络联盟基础上尝试推出网报联盟，世界杯期间央视国际首次启动网报联盟跨媒体平台合作模式，与北京晚报、南方都市报等280家平面媒体进行广泛合作，极大的丰富了央视世界杯网络报道，初步建立起了央视国际与国内平面媒体差异化合作，以及互补性的内容互换机制。

网络联盟和网报联盟在选秀活动的海选期间起着举足轻重的作用，从实践来看，央视国际已经在这方面积累了丰富的资源和经验，选秀节目的台网联盟模式必将把选秀节目推向新的境地。

3. 台网经营联动，实现双赢

台网联动，不仅是电视节目与网络节目的联动，而且还是电视广告与网络广告的联动。2006年世界杯期间，央视国际建立了"台网联动"的广告营销模式，网络广告与电视广告实行捆绑销售，依托电视广告丰厚的客户资源，注入新型的网络广告形式，为广告部指定的17家大客户发布网络广告599条。台网联动广告模式，充分利用了台内资源，节约了客户的营销成本，把电视、网络两个平台整合为一个统一的平台，更好地发挥了中央电视台的品牌价值，为客户提供了超值的整合传播服务。

毫无疑问，台网联动的营销模式和广告模式与选秀节目相结合，必将厚积薄发，实现台网双赢。

1.4.3 台网联盟的可持续发展

技术的发展、宽带的普及，人们更多运用网络、电视和手机等设备实时收看实时新闻、娱乐节目，参与娱乐活动，互动体验娱乐乐趣。台网联动的选秀节目一旦形成科学的流程和运作模式，中央电视台的其它节目，特别是娱乐类节目，可以以选秀节目为参照，通过新的传播结构和传播体系，全力打造以央视为依托，以图文为基础，以视频为核心，集信息发布、互动、图文、视频于一体，以互动为特色的立体化传播格局。电视媒体与网络媒体的互动，节目与节目之间也形成联动，既可以提高电视收视率又可以拉近观众、网友与电视的距离，必将实现各类节目的可持续发展。

届时，还可以充分挖掘中央电视台每年170场左右的大型活动、特别节目的优秀资源，同时抓住奥运契机，发挥新媒体平台作用，台网联盟、网络网报联盟、节目联盟，结合新技术和新服务的应用，多方合作，采用新兴媒体与传统媒体的融合模式，实现中央电视台电视品牌和网络品牌的双精品品牌发展战略，提升中央电视台的核心竞争力。

专题 2

互联网视听节目公众管理模式研究[①]

[①] 2008 年 11 月稿

专题2 互联网视听节目公众管理模式研究

互联网正急剧改变着人们的生活方式、行为方式和思维方式,互联网成为人们生活中不可缺少的一部分;世界大国需要强大的互联网行业作为支撑,一个朝气蓬勃的网络行业可以提升国家传播力和国际影响力、加速大国的崛起、促进产业的发展;国家文化是民族的灵魂,需要互联网的传播,网络文化是大众文化的有机组成部分,由于其独特的传播机制,在少年儿童的文化地图形成过程中起着特殊而重要的作用。因此,互联网行业的健康、稳定地发展对于正确树立国家理想、弘扬民族文化和国民精神、提升国家竞争力和社会责任,尤其是在正确引导青少年方面,有着至关重要的影响。

作为互联网内容产业的重要组成部分,互联网视听节目,其影响力、号召力和传播效果是一般的图文所不可比拟的,如果互联网视听节目的发展没有有效的规划、没有有效的限制、没有有效的监管,将会产生一系列问题,诸如,淫秽色情内容泛滥、暴力视频增多、知识产权和版权纠纷、个人隐私受到侵犯、恶搞持续不断、行业竞争无序、产业发展受到阻碍,等等。截至目前,我国提供视听节目服务的网站已经达到6万多家,他们在传播健康思想文化的同时,一些低俗的内容也在蔓延。而据有关资料显示,近三年来因为受到不良视听节目影响导致青少年犯罪的比例,已占到青少年犯罪的30%。因此,我们必须以积极的态度、创新的精神和前瞻的眼光看待互联网视听产业的发展,对互联网视听节目进行有力、有节地规范、引导和监管,大力发展健康向上的网络文化,同时为产业发展提供宽松的环境。

本课题将探讨互联网视听节目的公众治理模式和管理流程,通过公众舆论和公共监督的力量与《互联网等信息网络传播视听节目管理办法》等系列措施相结合,强化广电总局对互联网视听节目管理的宏观调控能力和控制力;通过网民的监督使广电总局的管理力量渗透到每个角落,扩张广电总局对网络视听节目的管理力度，树立广电总局对网络视听节目管理的主体地位，从而形成以广电总局为龙头、以行业自律为中坚、以公众监督为主体的金字塔式的管理模式；建立以民间机构配合为基础、以公众参与为核心的互联网视听节目监管格局；组建适合网络特点的虚拟企业，构造以广电总局为核心和组织结构和管理体系，提升管理和监控的效果，节约互联网视听节目管理中的巨额成本。

2.1 互联网管理模式的战略转型与创新

互联网视听节目隶属于互联网产业，对互联网视听节目的管理需要纳入整个互联网管理的范围或体系内，为了探讨更有效的管理措施，必须首先理顺国家政策或法律法规对互联网的管理模式。

2.1.1 公众力量促使互联网管理模式战略转型

互联网具有一种无与伦比的力量，互联网赋予了个人无限宽广的空间和舞台，激发了植根于人类灵魂深处自然的原创力，也激发了潜能巨大的民间智慧。公众参与的智慧潜能巨大，网络网聚人的力量，可以将天涯海角以及不同时空的人凝聚在一起，既可以分享智慧、分享经验、分享快乐，发扬民族文化和国家精神，增强民族团结，又可以与世界各国广泛交流，传播中国文化，促进国际交流和合作。同时，用户需要按照他们喜欢的方式享受新媒体带给他们的体验，消费者渴望并且追捧按照他们的方式传递信息和资讯的方式。

互联网给人们带来种种便利，同时它也向各国的政府管理者提出了挑战。网络言论自由与社会安全之间，网民的知情权与信息安全之间，网络文化与社会健康文化之间，诸如此类，均需要在政府、网络运营商和网民之间形成良性的互动。信息社会，一方面，政府不能通过简单的行政命令管控信息，应需要根据现实需求，通过政策法规、经济手段和技术监督等形式进行间接监管；另一方面，由于网络运营商的非国有控制，即市场化运营，以往行政命令的方式往往不能见效，而且由于网络运营商群体相当广泛，监管的成本相当巨大。

公众的参与力量以及互联网传播环境的变化直接导致了互联网管理模式也随之转变。2003年SARS危机，国家相继制定突发公共卫生事件及其他突发事件应对预案，对危机信息披露、危机传播做出重大调整。2002年5月南丹矿难事件，地方政府因为想隐瞒而遭到惩罚，此后，有关矿难等重大事件的报道也走入正常化，重大事件的死亡数字不再是保密的数字，而必须如实上报。2005年9月，国家又将自然灾害导致死亡人员的总数及相关资料解密。信息时代，在现实的推动下，政府管理不能再进行全方位的控制，要在一些领域加强，在一些领域退出，交由社会其他部门去管理，管理更讲究原则性和规范性。毫无疑问，做出这种调整的背后是公众力量的崛起，公众的参与权、知情权通过互联网实实在在的体现出来。网络时代，作为社会最为重要的资源——公共信息资源，逐步向社会敞开，以实现共享。

2.1.2 国外互联网管理模式的启示

国外对互联网的管理模式，有三个方面值得我们借鉴：

1. 以立法为依据，实现政府监管

美国有关互联网管理的立法包括联邦立法和各州立法。美国有关互联网的法律涉及的范围相当广泛，但重点是解决六个方面的问题：版权问题，域名管理问题，成人网站管理和儿童互联网权利保护问题，垃圾邮件问题，隐私权保护与反诽谤问题，对公民互联网通信监控问题。有关这些问题的法律条款都非常具体，一旦触犯，惩罚是很严厉的。

同时，美国政府意识到，政府管理模式不仅具有合宪性上的致命缺陷，而且执法机制本身也面临管辖权冲突、调查取证困难、反应速度缓慢、人员训练不足、协调联络障碍等多方面的困难，难以对网络传播内容实施全面有效的控制，必须充分动员企业和社会资源。美国网络传播自我控制模式具有鲜明特点，概括地说，是在私营部门领导下，通过广泛的公众教育，在充分保障公民言论、隐私及其他权力的前提下，赋予终端用户以有效的技术和方法，使其自觉自愿地对网络传播内容进行有效的控制。该模式包括五个内在关联的基本构件，即私营部门主导、宪法权力至上、公众教育、内容控制技术以及终端用户责任。

新加坡则从互联网准入、渠道管理和法制建设三方面着手净化网络空间。新加坡的《广播法》明确规定，新加坡三大电信服务供应商负有屏蔽特定网站的义务。政府有权要求供应商删除网站中宣扬色情、暴力及种族仇视等内容的言论。

2. 国家立法管制和民间机构相互配合

世界各国对互联网的管理大多数采取国家立法管制和民间机构配合治理的模式。加强业内自律并落实业务规范，开发和运用防范网络问题的新技术，让公众自发地监督和举报互联网的不法行为是互联网民间管理的杀手锏。

加拿大、英国等都采取以行业自律为主的管理方法。在互联网管理方面，加拿大政府主要扮演一个政策制定者和倡导者的角色，具体工作由网络相关行业依靠自律性的业界道德规范加强自身管理，如网络服务商联合会（CAIP）与政府合作，制定行业规范，实行网络过滤和自愿分级系统技术；依靠非政府机构和组织对公众进行互联网教育和引导等。英国政府对互联网采取的行业自律和协调管理策略，通过分级认定和分类标注技术，使互联网用户自行选择想看的内容，并对外开设热线，接待公众投诉。1996年9月，英国网络服务提供商自发成立了半官方组织——网络观察基金会，在贸易和工业部、内政部及城市警察署的支持下开展日常工作。为鼓励从业者自律，与由50家网络服务提供商组成的联盟组织、英国城市警察署和内政部等共同签署了《"安全网络：分级、检举、责任"协议》。网络观察基金会以此为基础，制定了从业人员行为守则，主要精神包括网络服务提供者有责任确保内容的合法性等。其中内容有对外开设热线，接待公众投诉；设立内容分级和过滤系统，让用户自行选择需要的网络内容等，经过11年的努力，其成效显著，从2006年公布的报告显示，英国网上源自本土的非法内容，特别是与儿童色情有关的内容，已经从1996年的18%下降到了0.2%。在被举报的网上非法信息源中，来自英国本土的只占1.6%。

3. 重点保护未成年人

世界各国的互联网管理，每个国家特别是发达国家都把保护未成年人放在了重要的位置，无论是从立法、民间机构的监督、新技术的开发等都会首先考虑保护青少年，使其免受来自网络的不健康内容的侵害。

美国《未成年人互联网保护法》规定，中小学校、公共图书馆等必须在其网络服务程序的目录上提供过滤器，确保未达17周岁的未成年人不接触到色情内容的成人网站。美国政府部门还成立了专门机构保护未成年人网上安全。

韩国是世界上互联网应用最普及的国家之一，网络的普及使青少年在日常生活中经常接触和使用互联网，为保护青少年，韩国政府从立法、监督和教育几个方面采取行动，加强对网络的管理。

2.1.3 我国互联网管理模式的创新与转型

国外的经验表明，对互联网的管理处于三个层次：法律法规、行业自律（或组织协管）以及公众参与。国外有完善的法律法规和有效的组织协会对互联网行业进行监管，而国外对互联网视听节目的管理是纳入整个互联网管理范围内的。但是我国有具体的国情，在我国相关法律制度不健全的情况下，我们可以引导、组织和强化行业、组织以及公众的力量，探讨适合我们自己的管理模式，进行互联网管理模式的调整和创新。

互联网视管理模式的适应性调整，在对互联网管理政策的制定上，应当服从于我国信息战略的指导原则和整体部署，在这个基础上，建立科学的管理体系，对网络视听节目进行有效的监管。

互联网管理模式的创新注重"两个结合"和"两个转型"。北京大学李晓明（2008）认为：两个结合，即传统新闻出版调控模式与网络传播控制模式的结合，政府强制模式与自我控制模式的结合；两个转型，即从法律、法令控制为主向德法互动、政策引导和公众自愿参与并存管理转型，从强制模式主导型控制向政府强制与自我控制有机结合的协商型管理的转型。

具体来说，结合互联网视听节目而言，这种管理模式的创新和转型集中地体现在：

第一，组织和引导全民参与管理，利用公众的力量将广电总局的管理触角延伸到各个角落。

第二，搭建以广电总局为龙头、以行业自律为中坚，以公众监督为主体的金字塔式的管理模式。

第三，建立管理互联网视听节目的虚拟企业，并搭建适当的组织结构和管理体系。

总的来说,是加强行业自律以及公众的参与力度。世界不少国家建立起较为完善的网络行业自律模式,美国以立法管理为主,但也强调行业自律和公众的执行力量,这表明自律模式可以发挥相当大的作用,同时也说明行业自律和立法模式之间可以并行不悖:一方面,行业自律可以作为一种最初的和产业层面的申诉场所,在实现控制非法转播、网络隐私保护上处于第一线的、基础的保护,如果能够日趋完善,则可加强其作用的发挥;另一方面,可将立法规制作为最后的争议解决方式,如果行业自律制度日趋完善,事实上立法规制的负担就会相对减轻。行业自律是道德层面的约束,而公众的参与则可以促进行业自律的进一步深化,起到事半功倍的效果。因此,互联网视听节目的管理模式创新集中地体现在公众参与的便利性、公众参与的管理流程和公众参与的激励措施等方面上来。

2.2 互联网视听节目监管现状与问题

2.2.1 互联网视听节目的政策性监管

广电总局是网络广播影视和视听节目(包括影视类音像制品)网上传播活动的主管部门,负责对传播境外有害广播电视节目的网站进行监控、提出封堵意见并通知原信息产业部实施。地方广电管理部门负责本区域内网络广播影视和视听节目(包括影视类音像制品)网上传播活动的监管工作。各级广电管理部门按照分工,切实履行职责,加强与信息产业、互联网新闻宣传等其他互联网管理部门的协调配合、形成合力,共同做好互联网监管工作。

2003年,广电总局颁布了第15号令《互联网等信息网络传播视听节目管理办法》，首次明确了对视听节目的网络业务实行许可证管理方式。2004年广电总局颁发了对15号令修订的39号令，规定许可证由广电总局按照视听节目的业务类别、接收终端、传输网络等项目来分类核发，并对准入机制和资质认证做了详细的规定，以及从业务监管的角度提出了监管的范围并制定了系列罚则。2005年5月，广电总局又颁布了对于39号令的实施细则，进一步明确了管理方式。2007年12月29日下午，原信息产业部网站发布56号令《互联网视听节目服务管理规定》。该规定由国家广播电影电视总局、原信息产业部审议通过，自2008年1月31日起施行。

国家广电总局于2004年7月颁发的《互联网等信息网络传播视听节目管理办法》，对包括互联网、手机、电视等不同终端在内的视频内容给予了诸多规定，其中明文规定："从事信息网络传播视听节目业务，应取得《信息网络传播视听节目许可证》。"并根据业务类别、接收终端、传输网络等项目分类核发《许可证》。《许可证》有效期为3年。

《互联网视听节目服务管理规定》除要求从事互联网视听节目服务的单位要拿到《信息网络传播视听节目许可证》外，从事广播电台、电视台形态服务和时政类视听新闻服务的，还应当持有广播电视播出机构许可证或互联网新闻信息服务许可证。而《互联网视听节目服务管理规定》则要求，网络视频企业"必须具备法人资格，为国有独资或国有控股单位"。新规出台两个月后，第一批《信息网络传播视听节目许可证》正式发放给10家企业。首批取得许可证的企业包括东方宽频、优度宽频、光线传媒等国有网站，以及激动网等3家民营网站，而被网民所熟知的国内主流视频分享类网站无一例外的无缘此份名单。

在56号令出台前，国内视频网站大多持有的是由信息产业部颁发的门槛相对较低的"增值电信业务经营许可证"和文化部颁发的"网络文化经营许可证"。而此次颁发的《信息网络传播视听节目许可证》统一由国家

专题 2　互联网视听节目公众管理模式研究

广电总局颁发，只有持有许可证的视频网站，才能够经营从事互联网视频业务。56 号令颁布后不久，国家广电总局和信息产业部的有关负责人作出解释：只要符合"国有独资或国有控股"的前提，《规定》发布之前依法开办、无违法违规行为的互联网视听节目服务单位，可重新登记并继续从业。

随着互联网的发展，互联网视听节目除了作为一种新的信息服务形式广为普及外，其运营平台也成为了一种新的媒体形式，在我国，任何媒体形式都要纳入监管范围。事实上，一部分人没有善用视听平台，网络上出现了黄、赌、毒等现象，这是需要管理和控制的，行业整顿可谓刻不容缓。56 号《规定》加强了对互联网视听行业的规范性管理和控制。

2.2.2 互联网视听节目的行业自律

为促进互联网视听节目服务产业的长远发展，营造健康有序的互联网视听节目服务环境，维护国家利益和公共利益，根据《互联网视听节目服务管理规定》要求，开展互联网视听节目服务必须实行行业自律，2008 年 2 月 22 日，央视国际、人民网、新华网、中国网、国际在线、中青网、中国经济网、中国广播网等 8 家中央网络媒体，发起成立中国互联网视听节目服务联盟，在京签署了《中国互联网视听节目服务自律公约》（以下简称《公约》）。《公约》倡议，各缔约单位应共同遵守国家关于互联网文化建设和管理的法律、法规和政策，依法开展互联网视听节目服务，积极传播健康有益、符合社会主义道德规范、体现时代发展和社会进步、弘扬民族优秀文化传统的互联网视听节目，包括影视剧、动画片，共同抵制腐朽落后思想文化，不传播渲染暴力、色情、赌博、恐怖等危害未成年人身心健康、违背社会公德、损害民族优秀文化传统的互联网视听节目；应尊重和保护著作权人和互联网视听节目服务单位的合法权益，创造和维护公平有序的网络视听节目版权环境；应建立互联网视听节目信息的行业共享互助机制，保持信息的有效沟通，共同净化网上空间，形成共建共享的精神家园。缔约单位同意将在适当的时机设置《公约》的执行机构并服从该机构的监督管理。《公约》欢迎所有在中国境内从事互联网视听节目服务的单位，在自愿接受《公约》的条件下申请加入。

《公约》由8家中央网络媒体发起并举行签约仪式后，得到了社会各界的普遍好评以及业界的广泛响应，不断有各网站申请加入《公约》。

2008年6月11日，国家广播电影电视总局网站发布了关于《欢迎加入中国互联网视听节目服务联盟的公告》。公告指出：中国互联网视听节目服务联盟在国家广电总局指导下，认真履行行业自律责任，共同抵制有害视听节目传播，在规范互联网视听节目传播秩序方面发挥了重要作用。目前，已有200多家网站加入联盟，签署了《公约》。其中，包括搜狐、新浪、腾讯等门户网站，酷6、六间房、土豆、优酷等视频分享网站和pplive、ppstream、优视网等P2P在线直播网站，形成了范围广泛的自律同盟。公告邀请：为使联盟在更大范围内发挥引导行业建设、推动行业自律的作用，我们竭诚欢迎在中国境内从事互联网视听节目服务的单位踊跃加入联盟，签署《公约》，共同抵制腐朽落后思想文化传播，营造健康有序的互联网视听节目服务环境。

2.2.3 互联网视听节目监管效果

通过《互联网视听节目服务管理规定》（以下简称《规定》）与《公约》相结合，中国的互联网视听节目的管理模式初具雏形，即形成了以广电总局的政策性监管和行业自律性管理相结合的模式。

政策性监管方面，由国家广电总局监管中心实施，监管中心的监看部的日常工作的内容就是对互联网上日常在播出的节目内容进行监看，这样的工作量相当大。

行业自律方面，各网站形成了自己的监管模式，包括技术过滤，内容人工监看，以及吸纳网民的举报，以保证互联网视听节目符合广电总局对互联网视听节目管理方面的要求。

我们以网络视频行业为例分析这种模式的监管效果。

《规定》指出：从事互联网视听节目服务，应当坚持为人民服务、为社会主义服务，坚持正确导向，把社会效益放在首位，建设社会主义核心价值体系，遵守社会主义道德规范。基于这样的宗旨，主管部门看到国内视频网站与YouTube暴露的问题一样，它无法完全控制用户上传的内容，因此侵权、暴力和色情问题非常严重。据路透社报道，在2007年一年中，涉嫌在YouTube网站上发布盗版视频内容，而被起诉的公司网站多达150多家。国内视频网站虽然也安排了人力进行监管，但却总有漏网之鱼，而且数量众多。在《规定》出台之前，各视频网站主要利用技术和人力两种手段来进行内容的监控。《规定》出台之后，各视频网站用于内容监控的人力纷纷增加，有的甚至增加了一倍多。同时升级了硬件和软件，以及监控中心数据库。此外，有的网站还在与国内外顶级的技术服务商进行研讨和开发，并发动用户来进行有效监管，例如，举行有奖举报等活动。

可见，《规定》的出台具有立竿见影的效果。

2.2.4 互联网视听节目管理模式存在的问题

国家部门对互联网视听节目的管理，并不是为了封杀这个新兴产业，而是为了更好地使这个行业健康发展，希望市场得到规范，希望从业者能更好地自律，也希望这个行业能进入良性发展的轨道。为了能更好地对互联网视听节目进行监管，公安部、中宣部、文化部、国家广电总局、全国"扫黄打非"工作小组办公室等部门决定，从2008年4月开始，在全国组

传统即现代：视听产业商业模式创新

织开展为期半年的打击网络淫秽色情专项行动，规范这一行业的健康发展。

为了实现有效的管理，广电总局已经建立了比较先进的信息网络视听节目监管中心，还在按规划建立北京、上海、广东三个信息网络视听节目监管分中心，并和各个省市的技术监管系统联合，以形成及时有效的监管体系。

但加强了内容的监控，就预示着互联网视听节目一马平川么？在现有的管理模式下，对于巨大的视频资料库来说，不可能完全确保侵权视频能彻底移除，也不能避免用户再次上传侵权作品。况且，由于视频的提供者通常是匿名的，人们很难鉴别上传内容的真伪和来源的可靠性，也很难判断它是原创还是侵权。同样，尽管视频网站的使用条款中规定禁止上传带有暴力、色情、种族主义的内容，但是由于任何视频都可以上传，暴力和色情视频也普遍存在。这主要表现在以私营和外资的"UGC派"（用户产生内容）为代表的视频分享网站。再者，由于视听节目网站基数之多，很难做到面面俱到，进行有效地监管，因此，互联网视听节目需要探讨更适合的管理模式。

由于互联网视听节目涉及到节目制作商、节目供应商、网络运营商、技术和设备供应商等众多利益集团，而且这些利益集团可以通过互联网打通整条产业链。因此，如何有效、及时阻止国内外色情、暴力以及反动内容通过互联网传播就成了监管大事。

国外的经验表明，互联网监管需要三者并重，即依法加强监管，行业自律，同时要提高社会的公共监督（即公众参与）。依靠行政力量至上而下的管理模式和监管方法，经营者成了管理对象，但自觉遵守和被动服从效果是大相径庭的，何况有巨额的利益驱使，经营者总会行走在政策的边缘，行政力量上的人力、物力和财力的投入也是有限的。行政的监管总会有空白，但是公众却是无处不在，我们并不缺少公众舆论和公众监管，公众为了树立健康的网络视听文化总是和违法行为相斗争，但是公众缺少一种有组织有效率并且便利的监督平台，我们正是为了建立这种有组织、便利的平台，通过网络网聚公众的力量，才能将管理落到实处。通过公众舆论和公共监督的力量促进行业的自律和经营者的主动遵守，因此，这个平台的执行者和监督者涵盖了全体社会成员。

2.2.5 互联网视听节目与传统视听节目监管的差异性

传统视听节目的本质功能是传播功能，简要来说包括四点：监测社会环境、协调社会关系、传承文化和提供娱乐。互联网视听节目除了拥有传统视听节目的本质功能外，还有其独特的优势，体现在：互动性即通常所说的交互性、兼容各种传播活动的融合性、信息传播的灵活性、信息传播的即时性、信息表现形式的多样性和信息的海量存储等特性。互联网视听节目作为网络媒体领域的一枚奇葩，其视听形式具有无与伦比的表现效果，网络视听节目可以不受时间、空间和地域的限制，随时随地可以充分利用。互联网视听节目的核心特点和优势是内容的分众化、用户的自主性和播放的灵活性。

再者，互联网视听节目借助互联网的传播形式，其优势在于，它改变了传统的传播方式和收听方式，用户可以根据自身的需求和爱好，不受时间和空间的限制，收看或收听自己喜欢的节目。用户可以通过互联网进行网络浏览、视频点播、收发电子邮件、支持数字电视平台，在一个综合的网络服务平台上享受互动娱乐和服务。此外，互联网拥有众多频道和内容，可以满足用户大量的不同层面的需求。

总之，互联网视听节目与传统视听节目的差异性集中地体现在公众的参与上，传统的视听节目通过广播的方式进行传播，因此对其监管只需要控制核心环节,但是互联网的发展是开放式的,而且正以我们想不到的速度进行前进,例如,短短的几年,互联网的发展从web1.0飞速发展到web3.0,Web1.0是一个厂商发布了内容给很多人看,Web2.0是把发布的权利同时放给普通人,Web3.0将以网络化和个性化为特征,用户可以随时通过互联网获得自己需要的信息。但无论怎么发展,公众的参与性没有变。因此,如何将公众参与的力量纳入对互联网视听节目的管理是需要重视的。

2.3 互联网视听节目公众管理模式可行性分析

从公众管理模式的角度入手探讨互联网视听节目的管理,国内外有关这方面的研究尚处于空白,而实践方面,只是有一些基本的应用,即提供基本渠道,让公众参与举报,但是,公众参与的规模性和持久性并没有固定的流程,也没有形成良性的循环。为了探讨更好的方式,我们先给出理论上的分析和阐述。

2.3.1 公众参与:社会群体合作与共享

公众以群体为单位存在。著名的思想家荀子说过:"力不若牛,走不若马,而牛马为用,何也?曰:人能群,彼不能群也。人何以能群?曰:分。分何以能行?曰:义。故义以分则和,和则一,一则多力,多力则强,强则胜物。"

荀子从人的社会关系和社会组织对人做出了阐述,人在诸多方面不如飞禽走兽,但是却能成为宇宙的精华和万物的灵长,因为人的群集性使得人能够相互协作、组织力量,形成有强而有力的社会群体。此外,人与自然的动物群不同的是，人类的社会群体能分工和协作。人与人之间相互合作，有力量地支配自然，是向自然索取财富的社会组织。

从公众参与视听节目管理的角度来说，人的群集性奠定了社会群体参与管理的根基，人的分工和协作奠定了分众或消费碎片的重聚的可能性，即奠定了管理的规模化和持久性的可能性。马克思说："人就是人的世界，就是国家、社会。""人的实质也就是人的真正的共同体。"毫无疑问，社会群体合作与共享有着极大的社会价值。

社会学界对于社会群体有不同的界定。

从群体的形态和性质方面：社会群体，是处在社会关系中的一群人的合体，这个群体中的个人自己能够意识到而且也被群体以外的人们所意识到。

从群体的结构与动能方面：社会群体定义为两个或者更多的人，他们有共同的认同以及某种团结一致的感觉，对群体中的每一个人的行为都有相同而确定的目标和期望，一些群体满足工具性需要他们使成员能够做一个单独不能做的工作，另一些群体主要满足其成员的表意需要，所谓的工具性需要是指群体帮助以达到某种目标的需要。

从群体的认同感方面：群体是由自认为有助于这个群体的人组成的，群体的人是彼此希望其余成员应有某些行为的一群人。

美国社会学家伊恩·罗伯逊认为：群体是以彼此行为的共同要求为基础，并以一种有规则的方式相互发生作用的人们所组成的集体。强调了规则在群体中的重要性。

总之，人在社会活动中结成一定的社会关系而形成有规则的共同活动的社会群体，每个人在所属的群体中扮演着不同的角色，一个人可以同时分属于不同的社会群体，在不同的社会群体中扮演不同的角色。社会群体是人参与社会活动的基本单位，是人在社会中生活的基础，是人与人之间以及人与社会之间联系的桥梁。

　　社会群体是有共同要求的社会个体与其他个体，按照一定的组织形式进行社会互动的群体。社会群体有三个基本的特性，即社会学家眼中的群集性、乐群性和互动性。人非孤岛，人总要归于一个群体，这是与生俱来的，并且不断变化，这个特征就是社会群体的群集性。同时，心理学家指出：合群是人的一种本能。人的本能驱使人们相互亲近，物以类聚，此即为乐群。乐群是社会发展进步的动力，在不断变化的社会进程中，是人与人、人与社会、与不同群体互动的过程，此即为社会群体的互动性。

　　关于社会群体的形成和发展，各学科领域都有殷实的研究成果。

　　在社会学领域。社会学探讨社会群体的形成，有学者从基本的血缘、地缘和业缘等基本层面进行阐述。也有人认为人与人之间出于理性的相互交换而形成群体，如社会学家迈克尔·赫克特提出著名的"理性选择交换论"，认为人与人形成群体，是因为每个人都要寻找各种各样的利益，而利益是不会由单个人产生的，所以，为了获得利益，人与人必须结成群体。

　　心理学也从各种层面揭示了社会群体的行为方式，比较有代表性的是美国心理学者哈里斯基于西方文化背景提出的"群体社会化发展理论"，这一理论解释了群体现象、儿童的同伴群体以及发生在同伴群体中的社会化和社会文化传递的机制，并进一步衍生指出社会文化的传递不是个体对个体的传递，而是群体对群体（上一代人向下一代人）的传递和群体内部的传递（同伴群体向每一个群体成员传递）。互联网视听节目需要注重对青少年的保护，"群体社会化发展理论"奠定了这方面的理论根基。

　　在传播学领域。1964年，麦克卢汉在《理解媒介——论人的延伸》中指出："大众媒介所显示的，并不是受众的规模，而是人人参与的事实。"麦克卢汉指出的人人参与的事实则可以进一步深化为经济学上的合作与共享。而在当今科技高速发展的时代，对社会群体合作与共享的价值进行开发以及进行商业应用则更具有可行性。

2005年，以色列经济学家罗伯特·奥曼（Robert J. Aumann）和美国经济学家托马斯·谢林（Thomas C. Schelling）"因通过博弈论分析加强了我们对冲突和合作的理解"而荣膺诺贝尔经济学奖，他们的研究成果有助于"解释价格战和贸易战这样的经济冲突以及为何一些社区在运营共同拥有的资源方面更具成效"。托马斯·谢林指出，人们在现实中的合作与共享要远远超过传统经济学中"经济人"假设的界定。耶鲁法学院网络经济学教授约沙伊·本克勒也认为，网上合作正在刺激一种新的生产模式诞生，即"同伴生产模式"，它将超越经济学赖以生存的两大基石——公司和市场。

因此，无论从哪个领域来说，社会群体有信息的交流，信息需求（或共同价值追求或共同责任感）也是社会群体的共同需求，不与任何人交流的人只是生命体，在社会中无法生存。社会群体不断交流的过程就是社会群体合作与共享的过程，社会群体间的合作与共享是信息良好的传播通道，合作与共享可以实现有信息的有效传递，实现社会群体的社会价值和管理价值。

2.3.2 互联网视听节目公众管理模型

综合前文所述，结合我国目前对互联网视听节目监管的实际情况，即国家广电总局宏观层面的监管以及行业自律中观层面的配合的实际情况，强化公众参与监督的力量，通过公众的参与将广电总局的管理力量渗透到互联网的每一个角落，扩大广电总局对互联网视听节目管理的力度、速度、广度和深度，树立广电总局对网络视听节目管理的主体地位，从而形成以广电总局为龙头、以行业自律为中坚、以公众监督为主体的金字塔式的管理模式。相关的管理流程、管理实施方案、宣传方案等等都以这样的虚拟组织为核心进行设计。而公众的参与通过社会群体的合作与共享体现。

通过这一现实可行的集约型管理模式，进一步规范互联网等信息网络传播视听节目秩序，促进社会主义精神文明建设，遏制腐朽落后文化在网上蔓延，促进网络视听内容健康有序发展，更好地满足人民群众日益增长的精神文化需求；确保舆论导向正确，维护社会稳定，推动国家广播影视各项事业协调发展；构建和谐社会、和谐文化和和谐网络，保护青少年。

互联网视听节目的公众管理模型，具有以下优点：

1. 天赋异禀的传播资源

公众管理模式依靠的是社会群体合作与共享的管理方式，社会群体也是以人为中心的活动，而合作与共享既是一种机制，又是一种手段。因此，公众管理模式天然地具有富足的传播资源：人和传播机制。并且社会群体既是传播资源又是传播可以借助的媒介。

传播学的理论给予了这样的佐证，不同学科领域的学者有不同的认识视角，有代表性的观点为：

"影响"学说，其强调传播是传播者欲对受众通过全副施加影响的行为。例如：美国学者J·露西和G·比得森认为："传播这一概念，包含人与人之间相互影响的全部过程。"戴维·伯罗也持同样的观点，他认为所有的传播行为都只在一个特定人物或一群人中引发特定的反映。贝罗德也认为：传播的基本目的是成为有影响的人，在决断事情时要有一票。

"反应"学说，其强调传播是客观事物对某种刺激所做出的反应。反应学说认为无论何种事物，当它遇到某种刺激时必然会做出相应的反应，这就是传播。例如，美国学者史蒂文斯说，传播"是一个有机体对于某种刺激的各种不同的反应"。

"共享"学说,其强调传播是传播者与受众对信息的分享。比如,美国学者亚历山大·戈德在他的《传播的定义》中说:"他就是使原为一个人或多数人所独有的化为两个或更多人所共有的过程。"威尔伯·施拉姆也认为,传播关系即"意味着共享那些代表信息和导致一种彼此的了解汇聚到一起的符号"。

无论是哪种学说均强调两点:第一,传播是以人为中心的活动,更多体现为双向性互动。第二,传播是有机制的活动,这种机制是建立在传授双方特定契约关系的基础上的。所谓"契约关系"是受传者出于某种利益和兴趣有得到某种信息的需要,而传播者又有提供这种信息的可能。

公众管理,即融入了传播的机制,又融入了管理的机制,公众及时传播者又是管理者,为了自己的利益,比如,青少年的成长、更好的网络文化,而会自主地加入到对互联网视听节目的管理中。

2. 优质的注意力资源

信息时代,信息高度发达甚至泛滥,对于传者和受者来说,信息的不对称是双向的。公众管理模式注重群体的参与,理所当然,受众的注意力资源也由个人的注意力转向群体的注意力,由有限的注意力资源转向无限的注意力资源。一个人,无论他多么活跃,他的注意力都是有限的,然而,群体的注意力可以是无限的。群体的注意力强调两个方面,一方面是指群体对更多信息的注意,强调对信息注意的广度;另一方面是指群体内有更多的人对同一信息的注意,强调对信息注意的深度。

同时,在注意力的基础上,可以实现信息的甄别。一个人,无论他多么有智慧,他的认知能力都是有限的,但无数有限的认知能力,相互沟通,相互参照,构成了社会群体无限的认知能力。

社会群体内,每一个人都有他的专业领域,因此,每个人都可能成为社会群体内的参照物,社会群体内,因为参照物的认知能力即可以使群体内成员的注意力资源得到高度集中，又可以使群体成员对信息的甄别高度统一。每个人都可以成为众媒介的中心，为社会群体的共同价值归属，发挥其影响力。也就是说，社会群体中的个人充分发挥自己的优势，各司其职而又共享成果。

而每个社会群体都可以成为社会的参照群体，这又增加了社会群体的社会影响力和辐射力，为企业带来进一步良好的注意力影响、甚至带来优质的注意力资源。

互联网视听节目，拥有6万多个网站，但是这么多的视听节目，都有相关的目标受众，公众管理模式将部分目标受众的注意力凝聚，形成一股强力的力量，可以让任何视听节目都暴露在政策的监管之下。

3. 富有生命力和思维的管理活动

互联网视听节目的管理，需要与互联网的特色相适应。数字技术的出现，使人的角色发生了翻天覆地变化，个人可以同时成为传播者和受众、集信息制造、信息传播、信息媒介和信息接收为一体，个人接受的信息可以经过个人的加工进行再传播。个人在群体中彰显个性、独树一帜而又吸取群体的营养，参考群体的决策。因此，传播的五大要素，即传播者、受众、讯息、众媒介、信息反馈都是受众的参与与体验。个人的活动既与传播活动完美结合，又融入社会群体之中。

人人作为信息制造者，少数人的思维空间变成了大众的智慧平台。现实社会和虚拟社会是最大的社会群体的集合，社会群体赋予个人无限宽广的空间和舞台，信息的制造模式由传统的精英制造演变为草根创造，社会群体积聚草根的原创智慧，其价值丝毫不亚于少数人的创造活动，根植于人类灵魂深处的自然的原创力得到了淋漓尽致的发挥。

个人作为信息传播者，可以通过体验和参与赋予信息新的内涵，过滤一部分信息，而又再造新的信息源，因此，在传播过程中，无中生有的信息可能被压制，缺憾的信息可能被改良，被忽略的信息可能被挖掘，既有的信息可能被放大。虚假信息被澄清，无效信息被抛弃，有效信息受青睐，核心信息受追捧。

个人作为信息媒介，个人媒介与个人智慧相结合，通过社会群体的衔接，越来越多的人加入到这种媒介体系中，媒介可以滋生，信息通过媒介蔓延。而且，个人媒介与个人媒介之间连成一个强大的互动媒体阵容，并激发人与人之间合作与共享的力量，使得这一互动媒体阵容逐步拓展，不断聚集众人的力量。当众人都对整个互联网视听节目形成自主的监管的时候，个人会约束个人的行为，因此，UGC 模式有个人的约束，而运营商，也会受到众人的监督，加强自律，形成良性循环。

4. 情理之中的监管投入

互联网视听节目的管理成本是相当大的，但是，如果能充分挖掘社会群体的参与，这种成本会极大地下降。公众管理模式通过成本的转移实现这一目标。即将管理的成本转移到人或社会群体的生活成本中去，人享受互联网视听节目，为了得到更好的视听体验，有对互联网视听节目进行监管的责任和义务。公众管理模式给众人提供了这样的一个平台，这个平台的规则由大家共同遵守和维护，以获得更多的利益和服务，而公众对视听节目的管理并没有花众人太多额外的时间和金钱，相反，由于众人的参与使得这个市场更加欣欣向荣，而众人会得到更多更好的服务。

2.3.3 公众管理模式的价值分析

以行政力量为主的管理模式是由上而下的监管方法；而公众管理模式是由下而上的监管方法，公众管理模式的价值集中地体现在以下四个方面，即震撼性的管理力度、病毒式的管理速度、立体化的管理广度和体验式的管理深度。这是传统管理模式不能媲美的。这是众人力量价值的体现。

1. 震撼性的管理力度

2004年,《纽约客》专栏作者詹姆斯·苏罗维奇在其畅销书《众人的智慧》中指出:团队合作的力量,潜能巨大。当然,众人也会有做错决定的时候。2005年7月,《商业周刊》(中文版)刊发了封面文章《我们的力量》,指出网络环境中的群策群力引发了一场商业大地震。群策群力、团队合作同样赋予公众管理模式力量,公众管理模式以人的智慧为中心,充分发挥人的创造力,人的智慧与参与是公众管理模式力量的源泉,而不断涌现的网络传播方式、互动方式和沟通方式是公众参与管理的有力武器。

2. 病毒式的管理速度

公众管理模式,赋予了公众参与管理的平台,公众是有生命力的人,也是有生命力的媒介,有生命力的媒介具有快速反应能力。公众管理模式赋予公众参与互联网视听节目管理的平台,这样的平台,扁平化信息传播的渠道,众人既是受众,又是参与监管的主体,既节约了监管的成本,又跨越了信息鸿沟,加速了信息的流通。同时公众管理模式可以通过公众提供的信息,对市场进行快速反应,增强广电总局对市场的监控力。

3. 立体化的管理广度

人以群体而存在,每个群体内部的人与人之间,群体与群体的人与人之间,群体与群体之间都有着千丝万缕的联系。人类几千年的文明发展史形成了相对稳固的人与人之间的现实社会关系,数字技术出现以后,这种现实的社会关系又发生着分化、重组,新的社会关系正在形成,新旧社会关系不断发生着变化,这是公众管理模式可以生存的良好的土壤,在新的社会关系正在形成的过程中,人们为了美好的生活追求共同的目标,共同的目标成为联系你、我、他的核心主线,成为动态社会关系的中心之一,对互联网视听节目的管理是为了繁荣大众文化，倡导健康的网络文化，也为了保护青少年，这是社会群体的共同目标，而不同社会角色的人通过公众管理模式汇聚在一起，形成了立体化的管理格局，毫无疑问，这个立体化的管理格局，具有传统管理方式不具备的广度。

4. 体验式的管理深度

管理的深度指管理的有效性。公众管理模式，公众参与其中，公众的消费行为就是一种体验行为，因此，公众管理模式直接将公众获取的信息传递给监管部门，监管部门可以根据用户的即时体验，获得准确的信息，而进行实时的监管。

政策部门的监管，专职监看部门的监管是一种工作，而公众的监督是一种生活，即将监管活动融入到公众的日常生活当中，公众有对美好生活的需求，有对青少年网络文化保护的需求，这种需求可以转化成监管的有力力量。

2.4 互联网视听节目公众管理模式设计

毫无疑问，互联网视听节目公众管理模式强调的是公众的参与，即人人参与，当然公众是以网民为主体的公众。通过组织和引导全民参与管理，利用公众的力量将广电总局的管理触角延伸到各个角落，这种管理模式是以广电总局为龙头、以行业自律为中坚，以公众监督为主体的金字塔式的管理模式，通过一定有影响力的网络平台，积聚公众的力量，结合行业协会或行业自律的力量，强化广电总局对互联网视听节目的有力、有效和低成本的控制。由于参与监督的公众无处不在，在无形中对节目制作商、节目供应商、网络运营商和技术和设备供应商形成了一股威慑，一种无形的监管力剑时刻监督着相关主体，使得经营者自觉规范自己的网络行为，加强自身网络行为的监管；同时在网络中形成一股健康向上的文化，通过健康的网络视听文化，保护青少年。

2.4.1 互联网视听节目金字塔管理模式

互联网视听节目金字塔管理模式如图2-1所示：

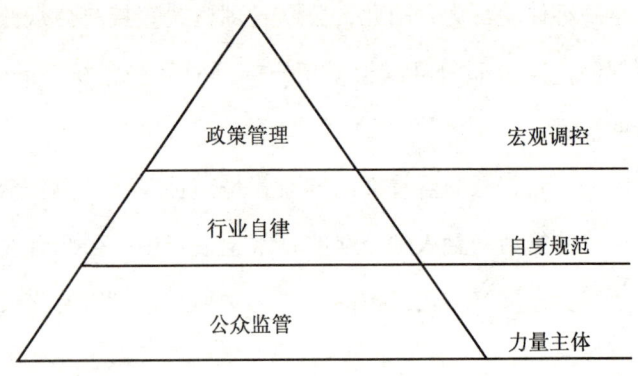

图2-1　金字塔管理模式

金字塔管理模式，强调广电总局的管理地位。政策监管起到宏观控制的作用，行业自律则通过运营商对自身行为的规范和约束，促进节目制作商、节目供应商、网络运营商、技术和设备供应商之间的相互监督，通过诸如此类的系列措施等净化互联网视听节目，而公众的监管是金字塔管理模式中的主要力量，公众散布于网络的各个角落，公众的网络行为是无规则的，但是通过金字塔的管理模式给无规则的公众提供同一监管网络平台，积聚公众的力量，赋予公众监督的职责，有力地促进运营商的自律，促进节目制作商、节目供应商、技术和设备供应商的行为规范，形成"国家管理—行业自律—公众监管"的良性循环。通过国家、行业和公众的共同力量实现对互联网视听节目的管理。

2.4.2 互联网视听节目公众监管模式

互联网视听节目公众监管模式如图 2-2 所示:

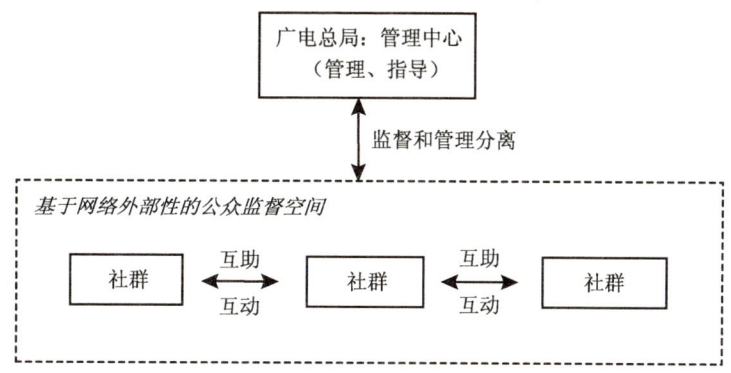

图 2-2 公众监管模式

在同一网络平台,公众、行业、政府积聚,公众在这个网络平台发布违规视听节目,网络平台收集公众反馈的信息,广电总局负责统筹协调和指导,从而形成了由下至上的金字塔式的信息传播(反馈)模式。即,在同一个网络平台,例如在央视网开辟一个专门的互联网视听节目管理频道,这个平台集中了互联网视听节目管理的政策信息、互联网视听节目的法律法规、行业信息、行业自律信息以及公众的反馈信息,公众的信息反馈可以通过博客、SNS、BBS 等各种新式收集,这个平台,公众的信息反馈是主体,网络平台可以充分收集公众反馈的信息,然后汇集成册,定期汇报广电总局,经过广电总局的核实以后,在同一平台将违规视听节目或运营商公之于众,以示警示,情节严重者,依法惩处。视听产业链上的相关经营主体定当以此为戒,同时在这个平台上,看到公众的力量而加强自律。

这是一种固定的流程和模式,即:

公众反馈违规信息—网络平台汇集信息并核实信息—广电总局核实信息—将核实的信息在网络平台公布并依法惩处相关主体—促进行业加强自律。

这种方式一方面可以极大地节约广电总局监管的人力、物力和财力，同时可以形成一股强大的舆论氛围和传播场，规范相关主体的行为，净化网络视听空间。

由下至上的信息传播方式是与互联网的发展趋势相一致的，即人人参与、人人都是网络的主体，这种模式强化了社会群体（网民的参与）合作与共享的力量，借助社会群体合作与共享的力量实现信息传播成本最优下的规模效益和效率。这种规模化没有时间和空间的限制，你今天享受某视听节目，我明天享受另外的视听节目，你和我不在同一时间、同一地点出现，但是因为同一话题（例如，净化视听空间，保护青少年等）而连成规模，网民有共同价值的追求，人都有对美好生活的追求。

2.4.3 互联网视听节目公众管理组织结构

互联网世界节目公众管理组织结构如图 2-3 所示：

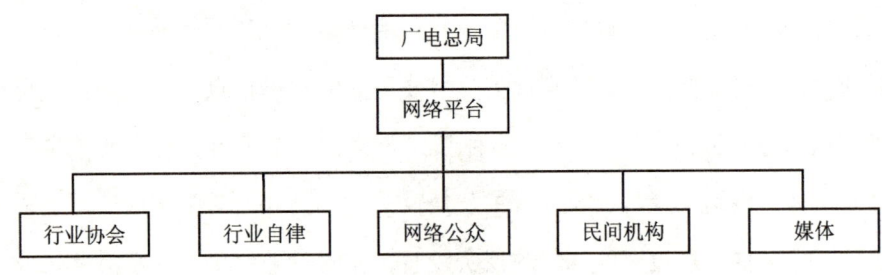

图 2-3　公众管理模式组织结构图

广电总局与网络公众、民间机构、行业协会、行业自律组织以及媒体等组成了一个虚拟机构。在这一个虚拟机构中，广电总局的主体地位没有变，但是对互联网视听节目的控制力度则积聚加强；传统的管理模式由上至下，广电总局通过监管中心的审查，耗资巨大。但是通过虚拟企业的模式，广电总局可以将相关成本转移给虚拟机构中的各个部门或者组织，而广电总局只需要通过一个平台——网络平台，即可以实现对互联网视听节目的控制，这种模式由传统的广电总局建立监管实体转化为通过网络平台引导社会资源和社会实体，进而引导互联网视听产业良性发展。

这种组织模式同时可以与广电总局目前的监管模式相融合，目前，如前所述，广电总局已经建立了比较先进的信息网络视听节目监管中心，还在按规划建立北京、上海、广东三个信息网络视听节目监管分中心，并和各个省市的技术监管系统联合，以形成及时有效的监管体系。这一实体的监管体系以技术监管为核心，虚拟组织模式以公众监督为核心，双重核心可以有效地防止互联网视听节目的违规。

2.5 互联网视听节目公众管理模式实施建议

公众管理模式，是从下而上的角度提出的管理措施，通过公众管理模式强化政府的宏观调控和管理、强化互联网行业自律。为此，从以下五个方面入手提出相应措施并给出建议。

2.5.1 公众管理模式网络平台的选择

网络平台的选择至关重要，网络平台的责任和使命、品牌影响力、资源禀赋和技术条件都需要兼顾。

综合考虑，央视网是互联网视听节目公众管理模式最好的网络平台之一，即在央视网开辟一个互联网视听节目公众管理的专门频道。

1996年12月，中央电视台成立了国内第一家由电视台创办的国际互联网站央视国际网络（www.cctv.com）；2000年10月初，央视国际被正式划入国家6大重点网站；2006年4月28日，中央电视台在原总编室网络宣传部与中视网络发展有限公司基础上整合网络资源，成立了网络传播中心和央视国际网络有限公司，新央视国际采取公司化的架构、企业化的运营方式，统一使用"央视国际网络"品牌，建立了与网络市场规则相适应的公司管理模式和灵活的经营机制，为央视国际的可持续发展创造了良好的环境、奠定了坚实的基础。2008年5月14日，"央视国际"正式更名为"央视网"。

央视网是中央电视台网络新媒体业务的平台、是中央电视台以电视节目为主的各类信息网络传播和推广的独家授权机构，拥有国家主管部门颁发的开展信息网络转播全业务资质，包括网络电视、手机电视、IP电视、车载移动电视等，负责集成和传播国际国内优秀视听节目，是国家认证的高新科技和新办文化企业。央视网以打造中国最权威的网络视频平台和网络新媒体为目标，通过互联网、无线网平台，以 www.cctv.com 为龙头，积极拓展移动多媒体业务、IP电视业务，全力打造一个集新闻、信息、娱乐、服务为一体的，具有视听、互动特色的综合性网络媒体。

2008年，央视网借助奥运东风，集新闻、信息、娱乐、服务为一体，依托中央电视台强大的品牌资源、优质的内容资源、杰出的主持人资源和优秀的人才资源，借助国家主管部门颁发的开展包括网络电视、手机电视、IP电视等、车载移动电视等信息网络转播的全业务资质，形成了集视听、互动、多终端的新媒体平台，毫无疑问，央视网必将成为中国最权威的网络视听平台。

在互联网视听行业欣欣向荣的大潮中，央视网，各市级、省级电视台网站，以及国有控股视频网站第一视频等专业正规的视频网站，并没有局限于眼前的经济利益,而是一直恪守自己的原则,坚守传媒的责任和使命,向网民和手机电视用户呈现专业、健康、有特色的视频节目。2008年2月,央视国际联合其他7家新闻网站,发起成立的中国互联网视听节目服务联盟获得了广泛的认同、取得了良好的社会效果。

总之,中央电视台是中国最大的视听节目运营商和节目提供商,央视网发展生机勃勃,已经拥有1200万注册网民,中央电视台和央视网所具备的品牌资源,网络资源和公众资源天然的赋予了在互联网视听节目管理中民间机构组织发起人和组织者的角色,也天然了赋予了建立互联网视听节目公众管理模式的网络平台的优势,央视网也有责任和义务利用这种无与伦比的优势协助广电总局监管好互联网视听节目。

因此,利用央视网的影响力和平台,集中开展对互联网视听节目管理政策和法规的社会宣传,利用央视网的品牌影响力,建立行业自律组织,最重要的是利用央视网的平台,让最广泛的公众参与到互联网视听节目的管理活动中来。

2.5.2 网络平台的运营与管理

网络平台的运营和管理可以依托央视网的品牌影响力、行业号召力以及技术平台和服务。此外网络平台的管理也可以直接隶属于国家广电总局的监管部门。

在初期频道的建立过程中,可以考虑依托事业性拨款或者加入《中国互联网视听节目服务自律公约》的网站共同集资、筹款,多种方式可以操作。互联网视听节目公众管理,是一个公益性事业,目的是为了促进网络视听行业的健康发展,引导和培育良好的市场发展氛围,在这个基础上,国家的政策性监管和监控以及行业的自律和发展都可以与这个平台嫁接,因此,网络平台的运营需要各网站的配合和共同维护,通过事业拨款的方式或自律联盟年费的方式解决。毫无疑问,受益者是节目制作商、节目供应商、网络运营商、技术和设备供应商等行业主体,同时广大网民也可以享受到健康的网络视听节目。

此外,网络平台可以适当考虑经营,例如,为内容提供商提供版权维护服务或公众信息反馈,为节目制作上提供互联网视听节目市场调查报告,以及进行营销策划活动和广告活动,甚至在此基础上建设一个数字视听节目版权交易平台,等等。通过适当地经营加强对网络平台的维护和运营。

2.5.3 公众监管的管理机制与激励机制

建立公众监管的管理机制与激励机制,一方面让公众充分了解国家的有关规定和要求,便于公众识别违法节目和违法机构;另外一方面寓管理于网民的娱乐,激励公众提供违法的信息。通过公众自发地监督和举报互联网的不法行为,建立良好的信息反馈通道。

公众参与监管一方面是公众对优秀互联网视听节目的需要,另一方面是公众有强烈的责任感和使命感,例如,保护青少年;再者,公众有共同的视听享受和共同的价值归属。这些是公众监管自发力量的源泉。

为了使得公众监管模式更有效率和效果,可以探讨自发的力量和激励机制相结合的模式。公众的监督是一种劳动,网民的劳动创造价值,理应获得报酬或给予激励,因此,需要探讨相关的激励机制,例如在版权问题上,由版权维护方在最终取得维护版权胜利的时候给予信息的主要提供者或版权维护的主要帮助者以奖励,激励方式也多种多样。通过激励机制将奖励等各种方式制度化、机制化。

2.5.4 行业自律联盟的配合与协调

互联网视听行业中的系列问题,淫秽色情内容泛滥、暴力视频增多、知识产权和版权纠纷、个人隐私受到侵犯、恶搞持续不断、行业竞争无序、产业发展受到阻碍，需要节目制作商、节目供应商、网络运营商、技术和设备供应商等行业主体共同遵守职业道德和行业规则。诸多问题可以与公众治理频道相结合，互惠互利，例如，侵权的举报和维护、行业信息的提供等，因此，行业自律联盟可以与公众治理频道相配合与协调，相得益彰。

2.5.5 政府的宏观调控与管理

对互联网视听节目的管理，无论采取什么模式，不可脱离的是加强政府的宏观调控与管理。互联网视听节目公众管理模式通过建立公众治理与政府管理之间的管理流程，强化政府的宏观调控与管理；通过定期发布监管报告，信息公开，进一步约束行业、促进行业自律；通过与行业自律联盟相配合，提高经营机构的依法经营意识和自觉性，促进行业健康有序发展，繁荣大众的丰富多彩的网络视听文化。

专题参考文献

[1] 汪文斌. 中央电视台网络新媒体实践探索 [J]. 北京：电视研究，2007年，第3期.

[2] 李晓明. 我国互联网管理模式的创新与转型 [J]. 北京：网络传播，2008年，第2期.

[3] 广电总局. 互联网等信息网络传播视听节目管理办法 [S]

[4] 广电总局. 关于进一步加强互联网管理工作的意见 [S]

[5] 广电总局，原信息产业部. 互联网视听节目服务管理规定 [S]

[6] 李建华. 美国如何对互联网进行立法管理 [DB/OL]. 人民网, 2006 年 7 月 21 日.

[7] 潘天翠. 透视国外互联网管理 [J]. 网络传播, 2007 年, 第 5 期.

[8] 李建勇. 社会学 [M]. 北京: 中国政法大学出版社, 2005.

[9] [美] 伊恩·罗伯逊, 赵明华译. 现代方式社会学 [M]. 河南: 河南人民出版社, 1988.

[10] 冯一粟. 大众传媒导论 [M]. 北京: 科学出版社, 2006.

[11] [加] 马歇尔·麦克卢汉. 理解媒介——论人的诞生 [M]. 北京: 商务印书馆, 2004.

[12] 刘千桂. 众媒介理论: 广告解放运动宣言 [M]. 北京: 中国传媒大学出版社, 2008.

专题 3

数字视听产业商业模式创新[1]

[1] 2013 年 5 月稿

3.1 "唱吧": 原交易的结束是新交易的开始[①]

"唱吧"是一款免费的K歌软件。2012年5月31日,"唱吧"通过苹果应用商店(App Store)审核上线,仅仅3天就冲到了免费应用排行榜的前10名,上线第5天登上了App Store第一名的宝座,至今一直保持在总榜的前列,每天有超百万用户为此着迷。

"唱吧"的魅力何在?既然如此火爆,其中是否蕴藏着不可小视的商业价值?"唱吧"未来的商业模式可能向哪些方向发展?这些问题都值得我们深入思考,下面从"唱吧"的产品属性入手,分析"唱吧"产品平台化的过程,进而描绘"唱吧"现有的商业模式和未来可能发展的商业模式。

3.1.1 "唱吧"的产品属性分析

在"唱吧"上,用户既可以唱歌自娱自乐,也可以与其他用户互动,以歌会友。显然,作为一款移动App,"唱吧"同时具备工具属性和社交属性。

1. 工具属性

"唱吧"首先是一款K歌工具,很多用户下载"唱吧"是用来唱歌的。"唱吧"的应用并不复杂,首先,用户可以在"唱吧"上点歌,点歌下载后就可以跟着伴奏唱了,当用户对着手机唱歌,"唱吧"除了提供相应的歌词,还可以对你的演唱水平进行评分,而软件可以对歌曲音效进行美化,对用户声音进行去噪、叠加等处理,让用户的歌声达到录音棚的效

[①] 作者为北京印刷学院传播学研究生陈璐颖

果。经过美化处理的歌曲，音质更加动听，播放效果更好，甚至还能带着KTV包房里特有的回声效果，给人身临其境的感觉。

2. 社交属性

在"唱吧"出现之前，App Store中已经存在数款K歌应用，但它们都没有引爆市场，一个纯工具型的应用太容易被取代，如果想要用户群爆发性增长，并培养用户黏性，必须加入社交因素，形成真实的人与人之间的关系。"唱吧"具有"以歌会友"的社交属性。"唱吧"的社交属性通过两个方面实现：

第一个方面，通过"唱吧"自身创建的社交平台，在"唱吧"主界面上会显示一些热门的用户，点击照片就能收听他们上传的歌曲。同时，也可以进入该用户的个人空间，查看其个人信息。

第二个方面，"唱吧"还通过绑定大型社交平台，用户在录制歌曲后可以将其分享到自己的第三方社交平台上，与他们在第三方社交平台上的好友互动。

工具属性让喜欢唱歌的人们认识了"唱吧"，而社交属性有利于提高"唱吧"的用户黏性，也可以帮助"唱吧"吸引更多的用户，从而让其保持长期发展。

3.1.2 "唱吧"产品平台化

"唱吧"的创始人陈华希望"唱吧"不止是简单的工具，也不止是社区，他希望通过"唱吧"的"K歌开放平台"，形成与各种公司互动的平台。平台存在的三大根基是：用户群体、规则、虚拟货币，下面分别从这三个方面来分析"唱吧"的产品平台化。

1. 用户群体

"唱吧"属于垂直领域，不是多样品牌，人群定位主要是年轻人并且女孩比较多，此外娱乐圈的从业人员玩"唱吧"的也不少，通过口碑互相传播。如模特、歌星、主持人和导演，这些人本来就喜欢唱歌，在空闲时"唱吧"给他们提供了唱歌的机会，像台湾著名歌手、节目主持人欧弟等几乎天天在"唱吧"上唱歌。

（1）"唱吧"目前的用户群可以划分为三个类型

娱乐型用户：这类用户占据用户总数的一大部分，他们想要借助唱歌放松心情或发泄情绪，获得娱乐体验，却很少将自己唱完的歌曲上传分享。

社交型用户：这类用户登录"唱吧"就是为了交友或者追星，他们很少上传自己演唱的歌曲，甚至很少唱歌，却时刻关注着其他用户的动态。"唱吧"研发团队将这类用户视为他们最希望扩大的用户群，因为这类用户将会是他们获取"粉丝经济"的收入来源。

综合型用户：这类用户在"唱吧"中上传大量自己演唱的歌曲，他们是一批狂热的用户，或者想要通过唱歌出名，或者享受被"围观"的乐趣，只要有其他用户听他们唱歌，他们就会获得良好的体验。

虽然"社交型用户"作为"粉丝经济"的根基，是"唱吧"研发者最希望扩大的用户群体，然而"唱吧"的核心用户仍是"综合型用户"，如果没有他们上传的大量歌曲，就不会有"社交型用户"的存在。

（2）"唱吧"满足了用户的四种需要

娱乐需要：用户在"唱吧"上唱歌，如同走进 KTV 唱歌一样，可以放松心情。

社交需要："唱吧"用户可以将自己的歌声分享给大家听，也可以在其中寻找自己喜欢的声音，结交有相同偏好的"歌友"。

被尊重的需要：在"唱吧"里分享自己的声音会得到别人的回复，看到别人的赞美之词，收到别人送上的鲜花，用户可以获得自我肯定和被别人肯定的满足感。

自我实现的需要:"唱吧"给热爱唱歌的草根大众一个成为"草根明星"的机会,只要你的歌声有自己的特色,只要你能发挥出自己的创造力,只要你能展现自己在歌唱方面的潜力,就有可能受到大众的追捧,就有可能获得走红的机会。

(3)"唱吧"用户发展的几个阶段

1)通过媒体合作 吸引大量用户。"唱吧"发展之初就与《中国好声音》节目组达成协议,邀请一批学员到"唱吧"开唱,并以此吸引这些学员的粉丝也加入到"唱吧"的用户群中来。

"唱吧"多次与电视台合作,力推人气歌手带着粉丝参加电视节目,既增加了电视台的曝光度和收视率,也推广了"唱吧"的品牌并提升了歌手的知名度。江苏综艺频道《都来"唱吧"》节目是受"唱吧"的潮流影响,与"唱吧"合作共同打造的,观众可以通过"唱吧"与亲友、挑战者实时互动,在线点评,赢得奖品。

2012年9月初,"唱吧"与腾讯微博共同合作举办了"唱吧歌声传千里,腾讯微博觅知音"K歌大赛,在短短的7天时间内,"唱吧"歌曲总播放次数超过500万人次,其中最火爆的一天有11万次用户分享作品到腾讯微博。

2013年1月11日,湖南卫视的王牌节目《天天向上》第一次用电视媒体向观众介绍了"唱吧"的产品、团队以及草根明星,推动了"唱吧"用户量的第二次爆发,节目一播完,"唱吧"就再次回到了App Store的总榜前三名。

对于"唱吧"来说,发展初期先做大用户规模更重要,做到无论怎么"折腾"商业模式,用户都不会流失的阶段,再引入商业化操作。

2)细化产品功能 培养忠实用户。当用户的新鲜感褪去,如何留住用户?Draw Something(你画我猜)面临的问题同样可能出现在"唱吧"身上，Draw Something 是一款"以画会友"的应用，在 50 天内获得了 5000 万下载量，被 Zyga 以 1.8 亿美元收购后，很快该游戏用户急剧下滑，活跃用户数不到一个月便下降了 400 万。

唱歌一直是大众主要的娱乐项目，留住用户，不是一定要用户天天登陆"唱吧"，而是当用户想唱歌时，第一个打开的是"唱吧"。就"唱吧"长期发展来说，创造内容的用户才更加用户，只有用户们能给"唱吧"提供源源不断的内容作品，才具备了吸引更多用户的可能。

要挖掘创造内容的人，首先要尽最大可能根据用户需要，提升用户体验，只有让更多用户享受在"唱吧"上唱歌的体验，他们才愿意不断分享自己的歌曲；其次，要让想成为明星的人认识到，在这个平台可以出名，这就需要"唱吧"捧出一个真正的明星。

"唱吧"作为一款移动 App，要想吸引更多用户，其核心策略必须围绕产品来做，只有产品做好了，搭配合适的市场策略，才能拥有市场价值。

3）拓宽产品服务 开发新用户群。在创始人陈华的规划中，"唱吧"未来可以直接对接最草根的音乐原创作者，包括作词、作曲、编曲的人，允许他们把作品放到"唱吧"上，加上"唱吧"的千万歌手，才可能会对对音乐产业有深入影响。

2. 规则

对于"唱吧"来说，规则即对应产品的诸多功能设计，这些看似简单的功能设计，都是产品设计者精心安排的。"唱吧"的多数规则模仿了现实中 KTV，例如点唱、送鲜花、排行榜等 KTV 原生态因素，也包含一些移动 App 的独特功能：录歌、评分、分享、关注、互动等。根据产品的属性，我们将"唱吧"的规则也分为两大类，下面分别介绍。

（1）工具性规则：点歌、K 歌、评分

点歌：点歌方式非常简单，用户可以"分类点歌"、"按歌星点歌"或

传统即现代：视听产业商业模式创新

者直接点击底部的"搜索歌曲"输入歌曲首字母点歌，熟悉的操作方式让用户如同置身 KTV 中。"唱吧"自带的曲库非常丰富，能满足大部分用户的需求，用户选定歌曲后可以免费点歌，将歌曲伴奏下载到手机上即可。如果曲库中找不到用户需要的伴奏，用户还可将本地存储的音乐转换成伴奏，既节约了流量也免去了等待下载的烦恼。

K 歌：用户将歌曲伴奏下载到手机上之后，即可跟着伴奏唱歌，在用户演唱的时候，"唱吧"可以同步显示歌词、音调和节奏。

评分：评分功能的设计灵感来源于 360 安全卫士的开机时间设计。根据对声调、节奏的分析，用户每唱完一句歌词便能即时打出分数，就好像有一个评委在你面前指点一样。唱完后系统会自动计算出总分，告知用户"击败了多少选手"，用户的攀比心理会使得得分较低的用户想要重新演唱获得高分，而得分高的用户想要马上分享给其他人听，获得他人的认可。

这三项功能都无须登录即可完成，也就是说，自娱自乐的用户不必登录，即可完成点唱过程，并看到自己的得分。

（2）社交性规则：登录、分享、互动、合唱、排行榜

登录：用户登录方式设计巧妙，"唱吧"用户只要拥有新浪微博、腾讯 QQ、人人网三者中的其中一个账号，就不用注册独立的"唱吧"账号，直接通过第三方插件登录"唱吧"。这个巧妙的登录方式设计至少有三个好处：①给用户提供方便，很多用户已经厌倦了各种应用的注册，填写一堆个人信息之后才能完成注册，而这个通过第三方插件同步登录的过程能给用户提供一定的便利；②轻易获取用户信息，通过第三方插件登录，意味着用户授权"唱吧"获取他们留在社交网站上的个人信息，这样"唱吧"的运营者就轻松地获得了用户的个人信息，方便运营者了解其主要用户群的基本特征，提供更有针对性的用户服务；③提高"唱吧"在大型社交网站的曝光机会，新浪微博、腾讯 QQ、人人网应该属于目前国内最为

流行的三大社交网络,这种登录方式,方便用户将他们演唱的歌曲分享到自己的社交网络中,"唱吧"这个产品在大型社交网络上的曝光次数也会大大增加,等于是用户在给"唱吧"做免费的产品推广。

分享:用户唱完一首歌之后,可以选择是否保存这首歌曲的录音,也可以选择是否将歌曲上传到"唱吧"社区或分享到社交网络,供大家欣赏。

互动:用户可以去听其他用户演唱的歌曲,并作出评论,也可以将自己喜欢的歌声转发到第三方社交平台,与社交平台中的用户互动。

合唱:"唱吧"于2012年10月13日上线的"合唱"功能,更强化了其社交属性,"合唱"即原本由多名演唱者共同完成的歌曲,在"唱吧"上也可以实现由多个用户共同录制完成。具体操作过程是:由一位用户首先完成歌曲的一部分,上传到"唱吧"的"合唱区",邀请或等待其他用户来合作完成歌曲的另一部分。

排行榜:"唱吧"有很多榜单,例如"全国榜"、"地区榜"、"推荐榜"等,这些榜单都是将用户头像做成一个个小格子,打开"唱吧"的排行榜,一张张美女帅哥图片码在手机屏上,这就诞生了"唱吧"火爆的另一个法宝,即美女和帅哥效应。所以即便是不喜欢唱歌、不会唱歌的用户,也可以在这里听美女帅哥唱歌。"唱吧"有其独特的算法和机制来挑选进入榜单的作品,不是简单的累加鲜花数、粉丝数,它会更多的考虑用户本身的活跃度和真实性,这项设计将"僵尸粉"拒于门外,使K歌环境得到净化。"唱吧"的排行榜会刺激产生一批非常狂热的用户,每个人都带着几万、几十万,甚至上百万的粉丝。这种竞争性的榜单,使得有一批人非常愿意去争夺。"唱吧"设计的地方榜单,使得更多用户有机会上榜成为"明星",毕竟从全国数千万的用户中脱颖而出的难度太大了,"唱吧"为用户提供了成为地区明星的机会,更能满足用户想要出名的需要。

诸如此类的社交性功能还有很多,例如用户可以"关注"自己喜欢的人,跟踪自己的"偶像"上传的新曲;用户还可以给自己喜欢的歌声"送鲜花",提升其演唱者的人气。这些社交性功能将"唱吧"中的明星和粉丝联系起来,大大提升了这些用户的依赖性。

3. 虚拟货币

2013年3月25日,"唱吧"主页正式上线了充值购买金币业务,"唱吧"的金币可以用来购买虚拟鲜花,用户可以将买来的鲜花献给自己喜欢的歌手。此前,"唱吧"用户可以通过每日登录和做任务等方式获取金币。用户可以通过手机话费、支付宝、神州行充值卡等方式进行充值,"唱吧"官网表示,用户如果使用手机话费充值金币,100金币为2元,其中自费的50%支付运营商用作通道费;如果使用神州行卡和支付宝充值,100金币为1元。目前,"唱吧"的金币只能用来购买鲜花,鲜花分为不同的种类,每种鲜花的价格不同。

"唱吧"推出购买金币业务被业界视为其商业化第一步,今后,如果"唱吧"开发其他收费增值服务,金币还可以用于支付其他增值服务的费用。在这次"雅安地震"中,"唱吧"就号召其用户通过捐献"虚拟货币",然后由"唱吧"兑现等值的人民币捐往灾区。"唱吧"平台的用户规划如图3-1所示。

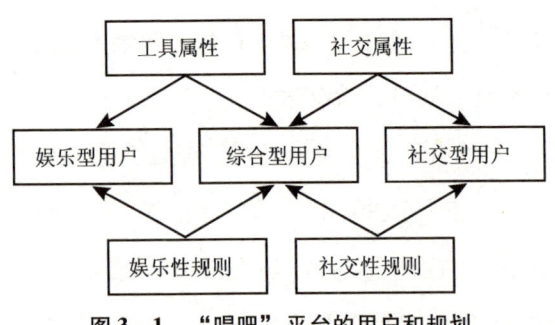

图3-1 "唱吧"平台的用户和规划

3.1.3 "唱吧"的商业模式分析

1. 既有商业模式

(1) "送鲜花": 粉丝经济

"送鲜花"是"唱吧"目前唯一通过虚拟货币获利的方式,"唱吧"中有各种各样的榜单,这就意味着竞争无处不在,所以一定会有狂热的用户不断为自己喜欢的歌手送鲜花,就像"超女"的粉丝们会为了选手的最后排名而不停地发短信投票一样。

千万不要小看了"唱吧"歌手的粉丝队伍,可能有些人无法想象,"唱吧"排行榜上头几名的红人都有十多个QQ粉丝群组,每个都爆满。这些粉丝在线下还会聚会,他们长期支持着自己喜欢的"唱吧"明星。

(2) 活动冠名: 一举多得

目前,"唱吧"已经通过品牌冠名线上比赛赚取了一定的广告收入,前期"唱吧"主要与媒体合作,不是为了获得赞助商的广告费,他们更希望能通过与媒体合作扩大"唱吧"的知名度,目前"唱吧"的合作商开始包括丰田、可口可乐、交通银行和纺织品品牌等。

2012年9月初,"唱吧"与腾讯微博共同合作举办了"唱吧歌声传千里,腾讯微博觅知音"K歌大赛,在短短的7天时间内,"唱吧"歌曲总播放次数超过500万人次。这次活动对于"唱吧"来说,主要作用是吸引更多的用户。而"唱吧"拥有足够多的用户之后,由企业冠名的比赛就可以给"唱吧"带来一些实实在在的冠名费。

(3) 与运营商合作: 超越双赢

2013年3月,"唱吧"推出"沃唱吧"流量包月服务,只要是中国联通3G用户均可开通,也就是说,中国联通3G用户只需每月支付15元即可包月无限畅玩。对于"唱吧"的用户来说,包月服务可以有效解决他们一直担心的流量大、费用高的问题；对于"唱吧"来说，由于这部分服务费是由"唱吧"用户带给运营商的，费用依赖于该产品而产生，所以运营商必定要将收入分一部分给产品研发者。

2. 未来可能发展的新商业模式

(1) 与音乐公司合作推广新歌

现在"唱吧"里所有歌曲配乐都是与音乐公司合作获得的，有的唱片公司会向"唱吧"收取版权费用；也有些公司免费将音乐版权提供给"唱吧"，而"唱吧"作为合作方要将这些公司提供的音乐放在各种点歌列表中靠前的位置。随着"唱吧"用户的不断发展壮大，以后音乐公司可能愿意支付一定费用，让"唱吧"将其推出的新歌放到点歌台"新歌抢K"栏目中，一旦"唱吧"中关注度很高的用户点唱了某一首新歌，对这首歌的市场推广必然能起到一定的作用。

(2) 增加增值服务的种类

由于"唱吧"已经推出了虚拟货币，所以可以考虑推出更多的增值服务，以"基本服务免费，增值服务收费"为原则，保持其原有服务继续免费，为愿意花钱的用户提供更多高端的服务，例如，允许付费用户获得更好的声音优化效果，或是为付费用户提供将自己演唱的歌曲下载到本地的服务。具体提供哪些收费服务比较合适，可以通过用户建议以及用户调查等途径得知。另外，也可以适时推出会员制度，甚至是不同层级的会员制度，然后为各类会员用户提供成套的增值服务。

(3) 打通产业链，尤以渠道为尊

在今天的音乐市场中，许多作词、作曲者的作品无人问津，"唱吧"未来可以直接对接最草根的音乐原创作者，包括作词、作曲、编曲的人，允许他们把作品放到"唱吧"上。同时，"唱吧"也可以签约一批自己的歌手，由这些歌手去唱这些原创曲目，用于各种商业演出。由此获得盈利后,"唱吧"、歌手、词曲作者几方都可以获得利益分成。简单说,就是原创者把版权交给"唱吧",通过"唱吧"让版权增值后再给他们分利。

对于"唱吧"来说,其自身优势还是在于做产品,专心做好"唱吧"会带来很多资源,然后用这个资源嫁接其他更多的资源并取得盈利。"唱吧"不必采取一般音乐公司的运作模式,它可以不预先付给草根原创者任何费用,而是根据作品在"唱吧"上受歌手欢迎程度及量产的大小给原创者分成。也就是说,"唱吧"没必要像一般的音乐公司那样自己包装歌手和音乐创作者,未来"唱吧"应该成为一个发行渠道,经过评测的好作品会直接发行,"唱吧"起到整合整个音乐产业链各种角色的平台作用。"唱吧"可以通过其用户群体,将真正有歌唱实力的草根歌手和有原创天分的创作人才挖掘出来,再推荐给专业公司,例如把优秀的歌手推荐给音乐公司,由音乐公司包装他们,"唱吧"从中获得部分收益。

(4)推出大型音乐比赛

目前,"唱吧"只是上线了一些企业冠名的小比赛,或是与一些电视选秀节目合作,为其提供比赛选手,例如,"唱吧"已联合《中国好声音》官方 App 举办第二季《中国好声音》报名资格争夺赛。

然而,"唱吧"既然已经聚集了上千万的用户,在喜欢音乐、喜欢唱歌、喜欢听歌的用户群中已经有很强大的影响力了,待时机成熟,"唱吧"完全可以独立举办一场比赛。如果"唱吧"举办一个音乐大赛,其参赛方式简单,不用去现场报名,不用去现场演唱,只要通过手机唱出自己的声音即可,这样应该能够轻松地吸引很多用户来参加,这是一般的音乐公司所做不到的。而举办一场手机 K 歌大赛,只要拥有足够多的参赛者,并且能设计出足够出彩的比赛规则,就能获得足够高的关注度,赞助商就会蜂拥而至,"唱吧"作为活动主办方也就有可能获得与电视选秀节目类似的惊人收入。

推出大型音乐比赛就相当于电视台推出的选秀节目，除了获得广告收入之外，随之而来的是更大规模的粉丝经济，而且其创始人陈华想要通过"唱吧"推出明星歌手的想法也有可能通过举办比赛实现。

（5）推出演唱会

对于"唱吧"的长远发展来说，最大的挑战在于如何解决内容提供者持续赚钱的问题，如果这些创造内容的人选择了离开，"唱吧"就会失去生命力。目前"唱吧"上有一些歌手唱得很好，如"唱吧"人气歌手"千面花"和"杨娇"的粉丝都多达50多万人。而如果"唱吧"能成功地推出了音乐大赛，就有可能打造出更多的人气歌手。"唱吧"可以组织这些人气歌手在线下开演唱会，而这些人气歌手的大量线上粉丝也会愿意掏钱买门票去听演唱会。

（6）研发终端设备

在"唱吧"的发展过程中，其研发团队曾经想过为"唱吧"用户推出一款以该产品为核心的终端设备，然而，后来考虑到如果在"唱吧"真正做大之前，就投入大量资金研发终端设备，可能会导致其产品优化资金不足，这样便会造成"两头都顾，两头都顾不好"的情况，所以"唱吧"可能短期内还不会推出硬件设备，而当其拥有一批依赖性较强的用户之后，也就是当其找到终端设备的市场之后，可以尝试研发终端设备，当然，"唱吧"提供的终端设备必须要具备其他终端做不到的优点，否则也没有卖点。

（7）研发其他衍生品

"唱吧"上不乏音乐发烧友，他们对音乐质量的要求远高于普通用户，如何让他们能真正通过"唱吧"唱出自己想要的音乐感觉，"唱吧"还可以为这一类小众用户推出一些唱录设备，例如能提供比手机麦克风录音效果更好的微型麦克风。

图 3-2 与图 3-3 形象反映了"唱吧"现有的产业链条及其未来发展方向。

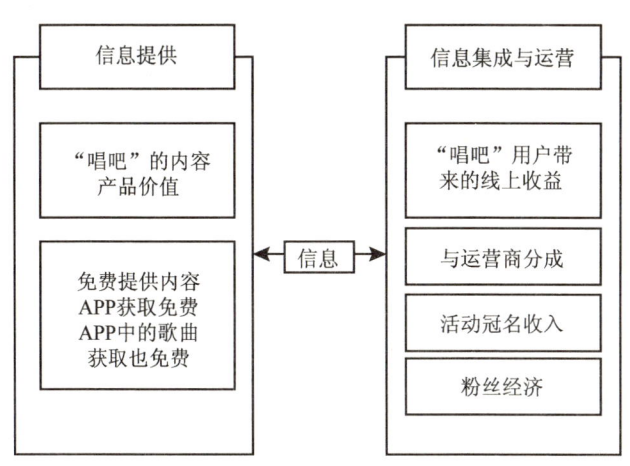

图 3-2 "唱吧"现有产业链

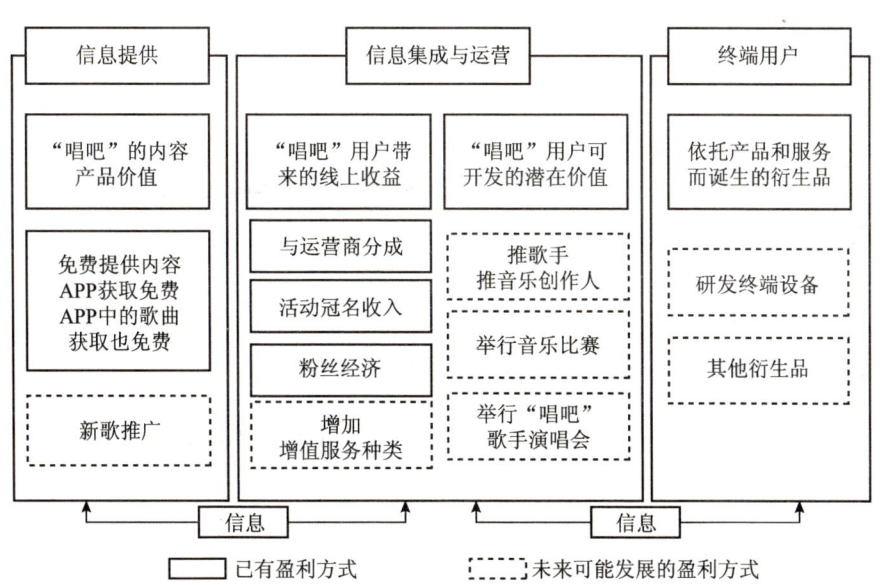

图 3-3 "唱吧"未来可能形成的产业链

3.1.4 总结：原交易的结束是新交易的开始

"唱吧"的运营方在推出每一种新的盈利模式之前，都应该能想到其商业化的下一步应该向哪儿走。如果说"唱吧"推出虚拟货币是其商业化的第一步，那么虚拟货币的上线将大大促进"粉丝经济"的发展；然后，通过"唱吧"举办比赛，推出"唱吧"明星的时机就到了；接下来，"唱吧"明星推出后，可以举办演唱会，还可以将歌手推荐给专业音乐公司包装；再接下来，"唱吧"与音乐公司可以进一步合作推出新歌，实现互利共赢；最后，当"唱吧"的用户规模达到一定程度之后，适时推出多样化的增值服务以及音乐终端，都可能拥有市场价值。而"唱吧"的商业模式发展也决不会停滞，随着产品不断更新，用户规模不断扩充，规则不断完善和创新，其商业化发展也会一步一步不断向前迈进，如图3-4所示。

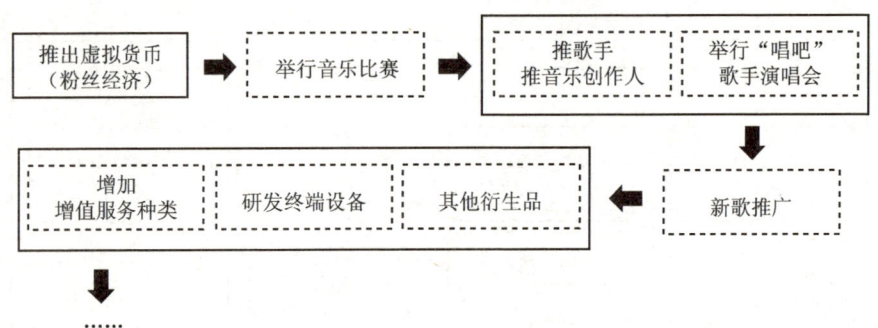

图3-4 原交易的结束是新交易的开始

传统唱片业早已陷入困境，数字音乐产业正在寻求发展路径。"唱吧"属于创新型高科技产品，借助移动互联网成功吸引了几千万用户，打造了上万名歌手，这是传统文化行业难以实现的，"唱吧"可以成为数字音乐领域的一个独特角色。

3.2 优酷二维码：产业链 N 次方[①]

3.2.1 二维码概述

1. 二维码简介

二维码是一种由黑白几何图形组成的矩阵图。它基于一代条形码基础之上，把信息进行编码，读取时需要特殊的设备，对二维图形进行解读，把图形解码成所需信息。二维码的信息容量远大于一代条形码，以目前流行的 QR 码为例，它能够容纳 1850 个大写字母或 2710 个数字，比普通条码容量高了几十倍。[②] 且二维码成本不高，编码一方，现下的二维码编制器价格不是很昂贵，目前比较主流的 QR 码是一个免费、开放的编码方式。而在解码一端，用户只需一个像素尚可的照相应用以及一个读取二维码的手机应用便可顺利完成读取过程。

二维码这种技术起源于 20 世纪 40 年代，但广泛被应用在产业中是在近 20 年内。在日本首先大行其道，以手机为普遍的二维码应用终端，开发了二维码认证、二维码票据等业务。韩国紧随其后，而我国则在大约 2005 年左右得到广泛运用。所以说二维码对于我国各行业仍是个较为新鲜的事物，但就近 5 年来的发展速度来看，二维码已是新媒介、新技术中的"老面孔"。

[①] 作者为北京印刷学院传播学研究生范钦儒
[②] 姚春鸽. O2O 燃烧着的市场［M］. 北京：人民邮电，2012.

2. 二维码功能

我国二维码大热潮的掀起，微信是一个不得不提的重要折点。当下的二维码广泛运用的领域有团购网站、社交网站、手机 App 应用、电子票据等。无论二维码的表现形式如何千变万化，其本质作用，不外乎以下几种：

一是取代实物凭证，实现凭证电子化。包括电子票据、电子优惠券、电子预订、电子订单、电子会员等业务，集中在餐饮娱乐服务行业。二维码在这些领域中的运用十分之广泛，虽有不同表现形式，但本质上相同，都是原来实物凭证的电子替代。这种电子化的"替代"为用户大大提供了方便，订单、票据、会员卡等都不需本人在服务地点亲自办理，可以实现真正的随时随地，节约消费时间和精力成本。而对于商家来说，减少了消费者的时间和精力成本，就增加了其消费行为的实现几率，也是提高购买力的促动力。比如1号店这样的电商活跃者，在北京和上海的地铁站和公交站建起二维码货架，使消费者的购买行为不再受控于销售实地和电脑前，使得其消费量有所增长。

二是打通线上线下，实现O2O。二维码中包含信息的内容和形式多种多样，随着近年来移动终端在人们生活中的作用不断增强，二维码又广泛应用在智能手机终端中，二维码就成为了用户线下贴身的一个识别设备。线上信息不再拘于用户电脑在线时，而是打通了线上线下，作为用户线上和线下的门钥匙，为商家了扩展了销售时间与销售范围，大大提升了购买力。这就是时下最热门的O2O模式：Online to Offline。这个功能在当下的二维码的应用多数体现在电商领域，连接线上商城和线下用户。但除电商外，此功能的开发价值极大，运用也更加灵活。连接线上和线下，并不是简单的一个信息的输送、一个消息的读取、一个链接的点击，更是产业链中各环节的粘合剂，它使每一环节连接得更紧密，统一产业中的交际语言，降低生产过程中的交流成本，并能打通产业链各关节，使链条更加灵活。二维码在视频网站中的运用更是O2O的试金石，这是笔者重点关注的方面。

三是建立数据库。二维码在发展过程中技术不断完善，由最初的单方面信息输送变成了双方互送。编码者在二维码编制时添加了数据追踪功能，在解码者读取二维码所包含信息的同时，二维码也追踪到了解码者的位置、操作等数据，汇总回编码者处，建成对商家极其有用的数据库，使每笔交易和每次消费者行动有记录，积累用户使用习惯于偏好信息，完成大数据的积累。数据追踪还有另一功能，商家可以根据反馈数据来实时调整自己的产品战略，更加快速适应市场变化。

3.2.2 影响二维码使用效果的因素

1. 设备条件限制

二维码目前在普通用户一端必须由智能手机读取，要有一定像素水平的照相功能和下载安装二维码扫描软件功能。二维码在国内的发展晚于日本韩国等国家的其中一个原因，与智能手机普及时间较晚是分不开关系的。随着移动视频突飞猛进的发展与智能手机的普及，视频网站不仅可以在PC端实现广告盈利，移动端也是一个非常好的盈利渠道，各种应用和移动广告都是很好的盈利点。据近日优酷发布的数据显示，移动端流量已占到优酷总流量的20%。2013年1月，优酷成为中国首家移动端视频日播放量过亿的视频网站。[①] 目前的移动终端除了手机外还有平板电脑，销量早已超过PC终端，而移动网络流量也在全力赶超非移动网络流量。这在硬件条件上将大大推动二维码技术的继续发展。

---

① 穆兆曦. 视频网站豪赌版权，烧钱模式前景堪忧？[DB/OL]

2. 扫描环境条件限制

线上的二维码在 PC 终端上清晰，可调大小，是二维码扫描很好的条件。而线下的二维码除了印在报刊书上等，有较好的扫描条件外，户外广告则影响因素众多。广告的污损、照明条件、大小与拍摄距离的设置等都是影响二维码扫描条件的因素，都会影响能否读取成功，需要维护成本。

3. 移动网络条件限制

目前移动终端与网络的实时连接主要基于 WiFi 信号与 3G 移动流量两种方法。3G 移动流量是用户与运营商之间的交易，目前我国的 3G 数据流量价格与国外的低价无法相比，但近些年运营商与移动终端制造商合作使得未来流量价格降低成为可以祈望的愿景。而免费 WiFi 信号的普及覆盖则是大众更加期待的发展方向。目前的情况虽一直在进步改善，但仍然没有达到及格线以上，比如在北京地铁的无线信号覆盖项目还未完全结束，而其他城市更没有开启此类项目。这需要国家财力和政策的大力支持。

4. 技术条件限制

二维码的技术在持续发展之中，目前一定不可说完善，但技术突破随着时间是可以解决的，也许这并不是一个阻碍的因素，但技术条件是否能够跟着市场需求而变化，是否能及时在产业链中适时地产生作用才是重要的问题。

3.2.3 优酷网的二维码服务

优酷网 2006 年成立于北京，初始定位为基于 UGC 的用户视频分享网站。2008 年，优酷放弃视频分享，转战视频新闻门户，2009 年，放弃视频新闻门户进军网络电视台。在短短 6 年多的时间中，优酷已经成为我国视频分享网站的头一号企业。尤其与土豆网合并后,更一家独大,带领我国网络视频市场从缤纷多彩的完全竞争市场发展进入寡头竞争阶段。

1. 优酷现有二维码服务

在优酷网战中目前存在的二维码服务中,基本分为两大类。

第一类是优酷网手机客户端的下载端口,包括优酷客户端和优酷拍客客户端。出现在以下几个位置。

(1) 优酷网下载分页

如图3-5,3-6所示。

图3-5 优酷客户端

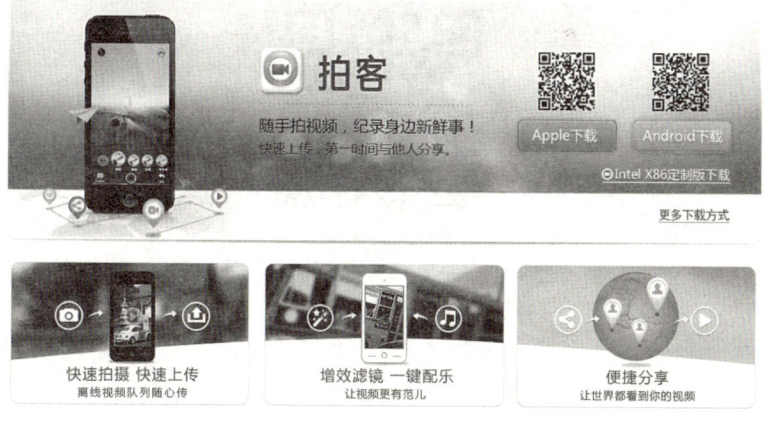

图3-6 拍客

(2) 视频作品简介页面

如图 3-7 所示。

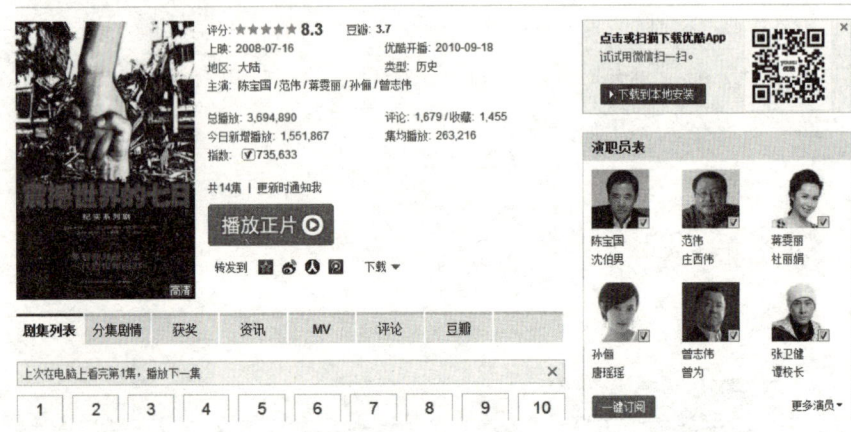

图 3-7 作品页面

(3) 几乎每个页面的右下角都有二维码显示

如图 3-8 所示。

图 3-8 二维码

值得注意的是，这三种二维码出现的位置明显体现出了优酷网对普通用户客户端的偏重。拍客客户端只有在用户主动进入下载分页时才能够扫描到，而普通用户客户端则在用户使用网站的整个过程中几乎随处随时可见。拍客客户端需要主动搜索才能完成下载，而普通客户端的下载甚至可以被动完成。这说明，虽然优酷网是以网友自己拍摄视频上传分享的 UGC 功能主打起家，但对于现在的优酷网来说，它重在广泛吸引普通的以观看视频为主要使用目的的用户，多于吸引以自主拍摄并上传网站的拍客用户。这吻合了优酷网在这 6 年多的时间里的战略重心的转移，扩大了更广泛存在的纯观众用户。

有数据称，2008 年以来，中国网络视频服务产业独善其身，高速增长的势头不减。目前中国网络视频用户数已超过 3.01 亿，用户使用率为 62.1%，与 2010 年底一致，半年用户增长率为 6.1%，若以第六次全国人口普查结果总人数 13.39 亿计算，截止 2011 年 6 月底，已有超过 44.5% 的中国人使用了网络视频。[①] 而至 2013 年，观看用户比例大大超过了上传用户。在优酷与土豆的合作后，优酷更明确地对两个网站进行分工，土豆网更注重用户的自主性，仍以 UGC 功能为中心，而优酷网则转向综合性视频网站门户方向，购买大量独家版权，以用户观看流量为最终指标。

第二类二维码服务是优酷网 2013 年开发的新功能，当用户未观看完的时候，暂停到某一时间点，产生了一个代表此视频此时间点的加载程度的二维码，用户可在普通用户手机客户端上读取二维码，得到当时的观看进度，不必把流量浪费在已观看过的部分中，作为一个数据记忆，成为人性化服务的一个标志。出现在以下几个部分。

1) 出现在每一个视频播放框下，点开"用手机看"按钮展开菜单可见二维码。二维码随着播放时间而变化，保证读取的二维码与观看进度一直。还附有使用说明链接（如图 3-9 所示）。

---

① 彭伟斌，张辰晨. 中国视频网站运营模式探析——以优酷网为例 [J]. 科学研究，2011.

图3-9 说明链接

2）在视频暂停的插片广告中会随机出现时间进度二维码。但出现的次数没有规律，并不是每一次用户暂停后都会出现这个插片广告（如图3-10所示）。

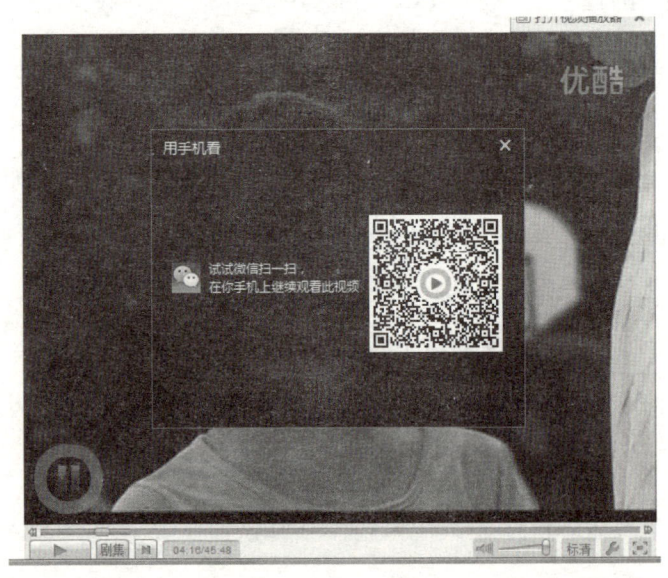

图3-10 播片广告

此功能与微信紧密结合,依托微信二维码扫描。二维码被扫描后显示的是一个网址链接,链接到此视频用户之前暂停时间点的那一网址,现局限于优酷普通用户 App 使用。

这种使用方式在移动视频网站中是首次使用,使得用户体验更加人性化。除了人性化外,它把优酷的 PC 客户端与移动客户端紧密连接了起来,让移动客户端不是单纯的 PC 网页缩小版,实现了移动客户端的自身价值。虽然这种二维码本身是出现在 PC 客户端上的,在用户使用移动终端扫描二维码的时候,移动终端当下并没有移动起来,但是这个二维码连接了 PC 非移动终端与未来某时间点的移动终端。这个二维码的时间标记被记录在移动终端中,像书签一样,在未来用户使用移动终端时则在时空上将两次观看行为连接了起来。而就网络视频产业来讲,这种二维码的设置大大增加了网站的移动流量,扩大了视频观看流量可能产生的地点,延长了视频流量可能产生的时间。另外更加容易培养用户忠诚度,以此锁住用户,吸收更多的流量。而最终获得的收益从根本上来讲就是提高广告收益,这才是网络主的最终目的。目前国内的视频网站,尤其是以视频分享和观看为主要功能的视频网站,广告收入仍是网站的支柱收益。

2. 优酷网可创新的二维码服务

国内网络视频网站中几乎都拥有了二维码服务,但是都只是客户端下载链接扫描,且多数客户端只是网页版的手机形式转化,针对移动用户本身的功能设计几乎没有。优酷网在客户端中则有独特设计,把普通观看用户和拍客用户区分开来,提供不同服务。一来更有针对性,二来两个客户端可开发不同的广告主,获得基于精准受众的广告收益。随着暂停续看二维码技术的创造,为手机客户端提供了离开 PC 机后的人性化的续点服务。这是一次运用二维码技术的创新,但是这种应用范围也十分局限,应有更多领域的创新服务。

传统即现代：视听产业商业模式创新

（1）位置创造盈利点

二维码出现的位置有线上和线下两种，同样也分为时空位置与空间位置。这四种位置描述的互相组合定会创造出二维码由位置转变而产生的新的盈利点。

线上PC端的二维码实际上多数并没有起到特殊作用，当用户在PC端扫描二维码的时候，PC终端与扫描移动终端是在一处的，所以移动终端并没有真正移动起来。优酷网站上的客户端下载二维码就属于这一种情况，但是新开发的暂停记录二维码则在时空上连接了用户观看暂停当下的线上信息，和未来某一时刻用户即将再次观看的线下信息。这是一种时空上的位置连接创新。但这种时空位置的运用并不彻底。这一时间位置连接的时间点，是由用户主动暂停行为决定的，也许因为用户有事不能继续观看，但也很有可能是这一刻的视频内容非常值得重视或者重温。优酷网基于其分享的创办初衷，应该大力发挥其分享作用，可以把用户认为的经典的值得注意的时间点信息转化为二维码在社交网站上进行分享，从而更加加大观看流量的产生。二维码是新技术，注意力是新资源，这一模式的结合必将使得网站的发展更上一层楼。

而线上与线下的空间位置转移则是真正普遍意义上的O2O模式，连接了PC机前的用户和户外或者不在自己PC机前的用户。目前多数电商在户外二维码的摆放上选择了地铁站、公交站等公共人流很大的地方。多数情况下人们是非主动寻找这个摆放位置而进行扫描动作的。所以二维码广告牌出现的地点怎样选择、怎样选择人流、怎样布局，难度都特别大。不能保证人们的观看人数和注意程度。从某种层面上来说这是线下二维码摆放位置的一个缺陷。但缺陷有时可以转化成新的市场新的模式，比如本来二维码的位置是不需要用户主动寻找的，但如果反过来二维码要求用户主动寻找处于某个特殊地理位置的二维码，那么对于一些视频网站的广告主来讲反而是一个吸引眼球的方式，可以创造出一种新的营销路径。比如某影片中的取景地酒店可在大堂内摆放二维码广告牌，在二维码中嵌入较有吸引力的价值很高的酒店优惠券等，观众必须到达实地才能得到此优惠。而视频网站可设置小礼品二维码作为诱饵广告，鼓动消费者亲自到达实地获取更大优惠。或者把酒店的折扣和促销信息做成二维码拼图，一部分展示在网络广告中，一部分展示酒店这个在产品和服务的实际销售地点，使用户主动寻找二维码摆放的位置。第一，此酒店原来作为赞助视频内容制作方的广告主转移到了与视频播放网站合作的广告主阵营中来，视频网站除了自己的广告主外，还可以从内容制作方多获得一批广告主的二次投资。第二，这种用户必须亲自到服务产生实地签到的行为加大了用户其他消费行为产生的几率。线上推送与线下推送的区别就在于，线下推送可即时体验服务。第三，以此种方式吸引用户，对产品或者服务测试体验，也是一种很好的体验式营销方法。此种方式如法炮制，举一反三，其综合特点是：该广告主的产品或服务体验必须在销售实地进行体验，是不能快递的实物产品，或者是无形的实地服务项目。且在视频网站上有广告诱饵来促使消费者主动实现位移，使实地的二维码广告产生真正价值。把用户从线上观看视频的观众转化成线下购买产品或服务的实际消费者。这种空间上的位置转移最本质目的仍是增加广告收入，但却充分发挥了二维码的位置变化特点。二维码的核心作用就是把线上的观众带到线下去进行实际消费。

另外，当二维码服务能够直接影响到广告主的销量后，那么视频网站的广告计费方式也可随之而变，又价格平平的 CPM 模式转向价格较高的 CPA 模式，以销售效果做计费标准，不仅广告主业绩提高，也可进行更有效的销售效果评估。

（2）认证信息创造盈利点

二维码中包含多少信息、何种形式的信息是由编码者决定的。它可以是一个网址的连接，是最直接的移动网络入口，它也可以是一串信息，用来描述一人一物一事。不管怎样，二维码中的信息都是一种认证信息，认证你是此人、它是此物、当下是此事。因此这种信息被认证的过程也应该可以考虑为造成盈利产生的节点。认证人、物、事，有人的地方就有联系和交往，因此则可以充分运用分享等社交因素。

优酷网的拍客登录可以效仿微信，使用二维码进行登录，或者直接生成拍客的个人信息二维码，更加方便拍客信息的传播和分享。有了拍客身份认证的二维码图案，便可以在各大社交网站上发布分享，扩大关注。优酷网的社交性能会得到大大的提高，同时更增加了网络流量，使广告收益更加可观。

优酷网站的视频由不同的内容标签分类管理在网站上，尤其是拍客拍摄上传的视频，内容类别较多，与时下社会联系更紧密，这些标签起到方便搜索和管理的作用。如果把分类标签制成二维码，尤其当有社会事件发生时，把特殊专题分类标签做成二维码，方便线上与线下用户的随时随地观看，并且二维码所携带的信息更具有社交传播的便利性，容易分享，可以增加网络视频观看流量，提高媒体的广告价值。

二维码的信息聚合性，使得它很容易把复杂的信息一起传播并方便被分享。这一特性应更广泛的运用到社交网络之中，充分发掘 UGC 的使用价值，提高优酷网用户的用户黏性，创造新的盈利点，或者说大大提高广告价值的提升空间。

（3）预告功能创造盈利点

二维码本质上只是一个入口，所以它对于运用者的条件并不挑剔，因此可塑性就更强。优酷网有网站自制的视频资源，也有按时更新的美剧韩剧，还有与影院网络版发行。人们对于这些内容存有悬疑和好奇，可利用此关注资源，把情节预告以不同形式做成二维码。用户可以通过扫描二维码参加活动来提前获知视频情节。或者把自制视频资源连续性强的系列，把"下部分预告"作为二维码的信息内容与营销噱头，在其中植入广告，获得新的盈利点。

3.2.4 优酷网二维码价值分析

笔者对优酷网现有的二维码服务以及未来可开创的二维码服务模式进行了分析，认为视频网络中的二维码服务是网站O2O模式的进门钥匙，其本质是把线上的观看流量转化为线下的实际消费，从而提高广告价值。当然，二维码技术绝不是万能的，它有自己的适用范围，有自己的优缺点，在真个网络视频产业链中有价值最大化的位置。

1. 视频网站二维码适用范围分析

如今二维码技术在电商O2O、电子支付等服务领域都有广泛的运用。但由于视频这种商品的特殊性，二维码在视频网络产业链中并不是万能胶粘剂。

视频产品是虚拟产品，不需要实地消费，就算线上付费，也无需多出一步二维码验证环节来。因此它不是视频网站电子付费的宠儿，不同于团购网站服务，支付环节与服务环节可分离，有实现意义。

在移动网络风靡后，用户观看的地点限制更少了许多。因此视频网站中的二维码所打通的线上线下，不仅仅是视频播放的线上与广告主消费的线下，还有视频播放的线上与用户随时随地的变化的线下。并且既要联系起人与物，又要联系起时间与空间，如上所述。

2. 视频网站二维码优缺点分析

（1）优点

1）成本低技术简易：如上文所述，目前的二维码不论编码还是解码都不是高技术要求的，且成本相对较低。随着智能终端的普及，成本还会

传统即现代：视听产业商业模式创新

继续降低。

2）数据追踪：二维码上的数据追踪技术能够记录每一次扫描动作，一方面为广告主搜集了大量用户信息，一方面又是一份很好的销售效果评估，并且同时还更根据用户数据的变化及时调整产业策略。

3）灵活多变：二维码作为入口，在产业中对其连接的两端都没有极其特殊的要求，因此它是十分灵活多变的，可以促成更多的创新。

4）用户目标清晰：由于网站用户要主动进行扫描动作，因此必对此视频内容十分感关注或者对此广告产生兴趣；属于该视频内容的目标受众，也是该广告消费的目标人群。因此，对二维码进行扫描的用户群体是目标清晰的群体，产生消费的可能性更大。

5）跨度大：二维码可以跨行业，跨时间，跨地点。所以二维码能够连接的双方跨度大，提高了可操作性。

（2）缺点

1）替代性强：二维码目前应用较多的仍是电子凭证，但是这种电子化手段虽然便捷，替代性却很高，二维码无法实现无法替代的作用，终会沦为一种过渡产品。因此寻找其不可取代的领域才是二维码技术的未来出路。

2）安全性：当下已出现了一些利用二维码，在用户终端上强行安装恶性软件的情况，扰乱了网络治安，造成了网络安全隐患。当二维码隐含了用户的登录信息、个人信息等私密信息时，读取方式的加密则成为了一个有待解决的问题。

3）视频特殊商品的局限：由于视频商品是一种特殊的、无形态的、无销售实地的、消费者习惯免费的特殊商品，因此在视频网站中运用二维码要结合视频商品的特殊性，不能把电商已成熟惯用的一套直接用上。这也为视频网站中的二维码使用造成了一些局限。

4）网站内容资源价值：视频网站的主要盈利方式还是广告，连接的是视频网站平台与广告主，所以二维码技术应用在这里是理所当然。但是网站的视频内容资源也是一个庞大的资料库，用内容来盈利便是付费收看，但此计在国内视频网站中还举步维艰，二维码技术也难以施展，因此是一个较大的缺陷。如何运用是值得研究的重要问题。

3. 视频网站二维码产业价值分析

O2O 的线下资源一大优势就是专业性和本地化，二维码的视频营销一方面是集合了网络视频广告主的专业化本地化资源，另一方面也集合了视频内容的专业化和本地化。广告主是视频网站的一大资源，内容也同样是。

移动互联网视频平台属于双边平台，一方是视频服务的规模化用户，另一方是视频平台的内容提供方，但这两方之间反而直接交易量很小。而联系视频网络平台方与网络广告主方的双边平台才是网站主要交易盈利角色。还有一类就是典型的 UGC。因此优酷网络平台下包括电信运营商、终端商、广告主、社交用户群，其中终端商又可以分为 PC、手机、电视等多种终端形态。而二维码则在这些角色中作为通道口，两两相互联系，产生不同的创意营销效果，创造新的盈利点。

目前各大网站正在激烈地打版权战术。近日，乐视网以单集 120 万元的价格拿下了《新编辑部故事》的网络独家版权，创下总价 5040 万元的历史新高。优酷网成功签下 TVB 独家片源，搜狐视频则以独家采购美剧《纸牌屋》大受欢迎。

"同质化"曾是困扰视频网站最大的瓶颈问题，展开差异化竞争，圈好自己的地盘，竖起专属自己个性的品牌大旗才是。搜狐高举"美剧"的旗帜，爱奇艺打造动漫频道，优酷土豆与 TVB 联姻等，这足以见证视频行业趋于理性和成熟。划清地盘，目标受众也就清晰了，在自己的地盘上精

传统即现代：视听产业商业模式创新

准锁定目标受众。抢到一部火爆的影视剧的版权，就能在短期提升网站流量，拥有了用户、流量、良好的用户体验、口碑和随之而来的知名度，就拥有了争取广告商的砝码。但是视频网站为此付出的高成本也是十分可怕的。所以，高价版权绝不能成为视频网站的唯一法宝。因此这时，二维码服务模式的出现为盈利方式的多样化提供了多种可能，它的产业价值就变得很高。

笔者结合二维码在其他领域中的应用模式与视频网站的自身特点，对优酷网现有的二维码模式进行了分析，并对优酷网未来可操作的二维码模式进行设计。其后综合评估二维码技术在视频网站中运用的价值及优缺点，得出结论是，二维码作为连接入口的作用，可在视频网站的盈利点进行多种创新。但要结合视频商品的特殊性和网站盈利的独有模式，同时重视广告主资源与视频内容资源，实现跨行业、跨时间、跨地点的创新尝试。二维码是视频网站盈利模式多元化的一个有利工具。

3.3 欢聚时代：平台模式超越产品模式[①]

欢聚时代公司成立于2005年，于2012年底在纳斯达克上市。它是一家富集通讯业务运营商，致力于为用户提供富集通讯服务的社会化创新平台。其核心业务包括YY语音、多玩游戏网与YY游戏运营。最初，欢聚时代以游戏资讯类网站多玩游戏网起家，提供给玩家新闻、专区、论坛、游戏道具等。后来拓展到游戏运营，开始做网页游戏，并代理运营多款国内外精品网游。如果欢聚时代仅仅将公司定义为网游内容提供商，仅仅依

---

① 作者为北京印刷学院传播学研究生董晓迪

靠以广告收入为主的商业模式，也许它现在还在与 17173 等网站的争夺中艰难存活，更不要说在 2012 年成功登陆纳斯达克。2008 年 YY 语音的出现改变了欢聚时代的商业模式：通过 YY 语音这样一个优秀的语音工具，牢牢把握住核心用户群，在网络外部性的影响下聚集大量用户，并借力 YY 音乐的发展将 YY 语音升级为集合了游戏语音工具、娱乐、社交、教育的平台，在平台上采取基础免费，增值收费的策略。

3.3.1 内容提供商：产业链的螺丝钉

传统思维认为，企业应专注于发展一种经营或紧密相连的一系列经营，毕竟这种做法曾使很多行业获得成功。欢聚时代的总裁李学凌的思路最初也是如此，即先把一种服务做好，然后再自然的延伸到其他平台。在这一思路的引领下，欢聚时代最初做好的是多玩游戏资讯网和游戏运营网。多玩游戏网是最早一批进入游戏垂直资讯行业的网站，伴随着《魔兽世界》的火爆，多玩推出第一个网游专区《魔兽世界》，在 3 个月后流量突破百万。多玩提供的专业游戏资讯起初吸引到深度游戏发烧友，这类"意见领袖"帮助多玩在行业内形成良好口碑并迅速发展。多玩也凭借着更为贴心的服务，比如通过开设游戏玩家社区，提供游戏攻略等方式为玩家提供帮助，这些服务不仅为多玩赢得丰富流量并逐渐形成行业领先，而且吸引了大量广告主在网站上投放广告。借力流量优势和对用户的挖掘，欢聚时代随之开始做游戏运营平台，发展网页游戏业务，通过自主开发和游戏联运获得利润。

在门户时代，互联网公司的盈利模式和传统媒体没有太大差别，主要是通过用户的"二次售卖"来获取广告收益。欢聚时代最初也是如此，广告收益加网页游戏联运收益的模式曾在欢聚时代的营收结构中占据绝对份额，2009 年这一模式占到欢聚时代整体营收的 96% 以上。但随着整个游戏

传统即现代：视听产业商业模式创新

行业环境的稳定，这一盈利模式的发展也逐渐放缓。在开拓公司新业务上，欢聚时代内部曾经出现过分歧，一方支持研发欢聚时代自己的大型游戏，另一方坚持在网游语音工具上发力。如果欢聚时代最终走的是内容提供商的路子，那么它现在应该类似完美世界这类互联网游戏公司，处在整个产业链的上游，主要提供的是产品和服务。但是在具体的实践中，欢聚时代通过语音工具走上了平台道路，通过平台的建立寻找到有别于以往的商业模式。

3.3.2 YY 语音融汇产业链平台

2008 年 7 月，潘多拉的盒子被打开。YY 语音经过内测后推向市场，并在同年突破 30 万人同时在线。YY 语音很大程度上是伴随着《魔兽世界》团队活动对于语音的要求而发展起来的。对于这类大型网游而言，协作是取胜的重要环节。通过语音工具与队员进行协作不仅解放了双手，而且更加的高效。但是当时的语音工具，包括 UC，TS，QT 都很难满足玩家的需求，经常出现掉线，延时，难以登陆等故障。欢聚时代在原有的用户挖掘基础上，推出了以不掉不卡不延时为特色的 YY 语音工具，这样一款深知玩家心理又免费的语音工具迅速变成一匹黑马。对于用户来说，YY 语音的出现弥补了网游语音市场上的一个空白，但是对于欢聚时代来说，YY 语音成为了一个将用户导入游戏联运平台的渠道，YY 语音曾用 7 天的时间给完美在线的"神魔大陆"成功输入了近百万个用户，并且在与各个游戏联运平台的合作中，为自己输入了大量的用户，网络外部性在 YY 语音这里得到了发挥，尤其对于游戏公会来说，公会会长和大量精英用户的使用必然带进大量用户的跟随使用，当游戏玩家中越来越多的人使用 YY 语音接入游戏时，与其相关的玩家也就不得不更换语音工具。当 YY 语音的用户群体规模达到一定程度后，一方面，更换语音工具的成本变得极高，用户黏性增强。另一方面，共同话语体系的确立使得YY语音能够不断的获得新用户。通过这一系列发展，YY语音在游戏语音服务领域占据了80%的市场份额。

YY语音作为渠道，获取的是用户流量，但是用户数量大不一定意味着能够盈利，YY语音面临着如何持续发展的问题。首先，用户的需求日益多样化、个性化和定制化，单纯提供游戏内容、资讯、语音工具很难保持用户的黏性，渠道两端存在着明显的信息不对称。而且，YY语音工具的可替代性和可复制性很强，因为工具没什么技术门槛，内容继承性差，很容易被大公司模仿，这也是YY语音始终低调发展的原因之一。最后，作为免费的网游语音工具，YY语音很难在自身上发掘盈利点。因此，只有将渠道优势转化为平台优势才可能有更广阔的发展空间，这不仅仅可以让自己盈利，更重要的，在升级为平台后，YY语音可以让别人在自己的平台上赚钱。

3.3.3 掘金传统，大众狂欢

作为平台出现的YY语音包括三部分内容：服务于网游的语音工具YY语音、提供在线演绎的娱乐平台YY音乐和提供教育内容的在线教育平台YY教育。在开启平台战略后，欢聚时代实现了营收的多种可能，其中依靠YY音乐增值服务盈利成为其最大的制胜法宝。根据财报，2012年第四季度YY音乐的营收为人民币1.061亿元，在线游戏的营收为人民币9800万元，会员计划的营收为人民币2880万元、在线广告业务的营收为人民币3380万元。YY音乐首次超过在线游戏成为欢聚时代营收的最大板块。

YY音乐的本质是在线歌厅，它是将传统的歌厅演绎形式搬到了互联网上。就YY音乐来说，平台两方连接的是表演者和观众，表演者需要

传统即现代：视听产业商业模式创新

的是明星梦，观众需要的是感官和心理的满足。因此将这双方需求平衡的办法就是加强双方的互动。在传统的歌厅演绎中，表演者和观众的现场互动包括鼓掌、叫好、送花、送礼物等形式，并且因在开放的环境中，观众的追捧行为和表演者受欢迎的情况给双方都带来虚荣心的满足，这种满足需要有大批观众，也就是说，观众不仅仅是表演者的观众，也是个别追捧者对表演者示好的观众。YY音乐将线下的这套规则搬到线上，在不到一年的时间里吸引超过5万个组织在YY音乐平台上经营在线表演，超过20万名表演者进行在线创作和分享，超过3000万观众进行在线互动娱乐。

1. 平台对三方参与者规则的确立

YY音乐将平台定义为开放的在线娱乐秀场，用户可以自建频道组织活动，用户在平台内使用的基础服务是免费的，某些增值服务需要收费，同时，歌手、频道、平台三方通过契约相互扶持和制衡。在YY音乐上成为歌手，要先找一家公会落脚。公会的概念源自于游戏，是在游戏中为了共同爱好而慢慢形成的松散性组织。在YY语音平台上，大型公会可以掌管多个频道和多位歌手。签约歌手每个月要给公会挣取一定的月票数，月票可以帮助歌手增加经验，随着经验等级的提升歌手可以获得更多特权。对于公会来说，月票可以换取M豆，每签约一个歌手公会要向平台支付10M豆。对于平台来说，月票作为一种虚拟商品可以为平台带来销售收益，并且歌手赚取的月票在兑换为人民币时要与频道和平台三方分成，平台通过月票又赚取了一次抽成利润。歌手人气越高，获得的月票礼物越多，YY音乐平台的收益也就越高。

对于公会来说，大型公会的成立需要有资本雄厚的赞助人，赞助人作为公会的股东参与公会之后的分红。当公会做大之后会吸引各类广告主投放广告，公会收取一定的广告费用。同时，大型的公会内部会分为很多部门，比如音效部，它通常是由一个淘宝店来承接，销售网络K歌设备，比如独立声卡、电容麦、动圈麦等，销售的利润该淘宝店铺会和公会进行分成。当公会中某歌手或者主持人有了一定名气后，可以"走穴"演出，这部分收入公会也是参与分成的。公会经营的越好，盈利越多，也就越能吸引歌手签约，为歌手创造更好的发展环境，歌手也就可以为公会和平台提供越多的利润分成。公会的角色类似传统音乐行业中的经纪公司，经纪公司为消费者提供更好的内容，并促成消费者买单，同时它通过聚合效应吸引大量歌手，放大单个歌手的价值。

对于平台来说，它设立平台规则，服务于平台双边的用户，搭建起沟通双边的桥梁，并且在双边用户的需求对接点上设置关卡进行增值服务收费。YY语音平台的付费方包括两部分：签约歌手和部分付费观众。签约歌手在将虚拟礼物兑换为人民币的过程中需要与平台、频道三方分成，歌手实际上也在为平台付费，为平台赚取收入。歌手除了获得资金收入，在观众的付费和热捧过程中获得心理上的满足，在线秀场能够给歌手带来临场感，这种真实的舞台感受得益于观众的存在。因此歌手也就更有动力去迎合观众的要求，带动现场气氛，在互动中吸引观众付费。对于观众来说，YY音乐这样的在线歌厅给了大家近距离接触明星的机会，这些明星虽然大多数是草根艺人，但是YY音乐是一个用虚拟等级代替现实身份的平台。在歌手表演过程中，观众可以很轻易的通过表情，言语，礼物与之互动。相比那些无法变现的免费礼物，实实在在付费的礼物更能获得歌手的欢心，更重要的，在这一过程中，观众的虚荣心得到极大的满足，在一个开放的频道中，每次表演可能聚集上百上千人，这样的表演不仅仅是歌手的表演，也是付费观众的表演。

2. 从虚拟货币到支付平台

YY平台目前的虚拟货币有三类：金币、银币和Y币。其中前两种分别属于个人和频道的成长货币，Y币是个人用户充值后的支付货币，可用来购买以Y币标价类的商品，1人民币等于1Y币。YY音乐推出虚拟币受到了网游模式的影响，网游营造的是一个虚拟的独立世界，在这样的世界中有与现实相类似的货币体系，与现实不同的是，除了在游戏中获得货币，还可以通过在现实世界中充值的方法增加游戏中的货币。YY语音平台在一定程度上也是一个独立的王国，平台作为国家提供基础服务，歌手依附于平台提供增值服务，用户通过虚拟币支付各类服务费用，以此推动整个资金链条转动起来。

在交易过程中，Y币充当的是价值尺度和支付手段，它并不具备真实货币的流通和贮藏功能，决定公司营收的也并不是Y币的流通数量，而是用户付费服务的多少。因此，YY音乐盈利的关键之处并不在于推出了虚拟币，如果换做其他的支付方法，公司的盈利数量是一样的，盈利的根本还是在于通过不断地推出新业务让用户付费。在虚拟币这点上，YY音乐其实还可以进行更加深入的布局，将Y币从单纯的支付货币升级为支付平台。目前Y币的充值方法有接入网银或者支付宝第三方平台的方法，如果升级为支付平台，不仅省去了接入第三方的费用，而且可以作为第三方为其他交易活动服务，开拓平台新的盈利点。另外，目前在YY语音平台上举办的活动越来越多，支付行为也越来越频繁，在构建了支付平台后，平台可以采取类金融的模式吸纳众多资金并通过滚动的方式供自己长期使用。在YY音乐付费用户开始显现出下滑趋势的今天，通过建立支付平台开掘付费的更多可能将有助于提升整个平台的活力，促进平台的进一步发展。

3. 围绕"人"的需求挖掘

对于一个平台来说，如何抓住用户是极为关键的。YY语音平台上的用户整体定位为三四线城市中的"草根"群体，多集中在务工人员、小老板、学生等"屌丝人群"上,这部分人收入不太高,在社会中处于中低地位,社交圈子比较窄,主要在网络上进行社交、娱乐活动。这部分人的付费基于两种可能:一是由于现实生活中的弱存在感,使得这部分人会在网络上寻求自我身份的认同和他人对自我的认同,因此会尤为关注自身所处的等级和权力的高低,这便催生了YY语音平台中的"屌丝经济"。二是由于生活空虚,自身缺乏信仰而盲目的追求偶像或者物质,将对偶像和物质的追求当做精神支柱,因此才有"粉丝经济"和"嫉妒经济"的诞生。

针对"屌丝群体",最好的组织用户的方式便是会员制。会员制的特点是费用不高,但是又能通过某些特权彰显自己的身份,提供给用户一种归属感。YY会员可以按月、按季、按年付费。所享受的特权也依此递增。会员特权主要包括加速升级,频道红名,加速成长值等。这样,一部分用户通过成为会员实现了被关注,表达个性身份,彰显独特地位等心理需求的满足,正是依靠庞大的"屌丝群体"的付费,YY语音平台才得以实现火箭式的盈利速度。

在YY语音平台中,等级的差异无所不在。在一个频道里,用户列表的显示遵循等级高低排序,并且还会为超级VIP预留位置。这些超级VIP进入频道会在频道页面弹出一个夺人眼球的个性形象,吸引歌手和其他观众的注意力。如果用户购买了坐骑,其虚拟形象中还会出现闪亮的豪华轿车。这些超级VIP已经不仅仅是YY语音平台的普通会员,根据二八原则,他们是主要的付费用户。针对这部分人群,YY娱乐商城推出了4项专属特权:豪华座驾、祈福勋章、贵族身份、守护者。其中前三者是用于用户自身,彰显其独特身份,守护者是用于用户守护的超级偶像所属的频道中,帮助超级偶像快速成长,随着用户守护等级的提升,守护技能也将越来越丰富强大。YY音乐在娱乐演绎中也设置了等级区别,这种区别不仅

传统即现代：视听产业商业模式创新

限制粉丝，也限制歌手，解除限制的途径只有通过粉丝对歌手的不断资助和热捧来提升双方的等级，也就是说，歌手的等级提高才能提供形式多样的精彩表演，粉丝等级的提高才能够更好的帮助其喜爱的歌手升级，这种互动使得双方的需求得到满足。

不论是现实社会还是虚拟世界，等级的差异始终存在，并成为商家获取利润的立足点。不同的是，现实中的等级往往难以跨越，但是虚拟世界中的等级可以通过用户额外付费轻松跨越。YY语音平台上的屌丝用户对这点深有体会，YY语音平台为屌丝群体提供了一个虚拟世界，通过平台建立规则，以等级来设置间隔，不同的间隔之间以贡献度来衔接，这里的贡献不仅包括用户的在线时长、活跃度、完成任务的数量等，还包括实际的消费额度。间隔给予用户的回报便是更加优质的体验和服务，在平台内更高的地位以及更多的优先权。

目前YY语音平台在用户方面存在的问题是如何做社交。虽然用户数量达到4亿，但是YY语音平台中的用户和QQ用户有着本质的不同，前者更多的是由兴趣和需求吸引而来，当用户的兴趣转变，需求不能得到满足后便会失去黏性，而QQ对用户有强弱关系的双重影响，用户受网络外部性的影响更大，持续时间也更长。因此YY语音平台下一步还要在用户上发力，尤其是移动互联网时代，YY语音平台上的三大业务可以发展为移动端的在线KTV、在线游戏大厅和在线教室。随着带宽和硬件设备的不断发展，移动设备的便携性会给YY语音平台带来更大的发展空间和机遇，也可以让它离用户更近一步。

欢聚时代公司在发展过程中开掘了多种盈利渠道，多种模式并存正是平台类业务的特点。从做内容到做渠道再到做平台，欢聚时代在每一个发展阶段里都试图更加贴近用户所想，这也是欢聚时代能够一路走到今天并积攒了4亿用户的先决条件。尤其在2012年，各类语音应用爆发，以语音产品为核心的欢聚时代公司成功上市为整个市场注入活力,促进了用户对语音产品的关注,也让用户看到了在腾讯之外的更多可能。随着移动互联网的发展,移动端平台的布局也许会是欢聚时代的下一个发力点,在PC端发展进入平缓期后,移动端新平台的搭建会将欢聚时代的商业模式带入一个新阶段。

3.4 潘多拉:精准推送基因裂变[①]

潘多拉是全美互联网音乐电台的领军企业,它的音乐基因工程颠覆了传统电台模式,为8000万注册用户提供了近乎完美的收听体验。同时,潘多拉较为成熟的商业模式也吸引了大量投资者。潘多拉基于精准定位的商业模式非常值得国内数字音乐产业借鉴。本书试从潘多拉的业务构成、核心能力、经营状况和盈利模式分析潘多拉基于精准定位商业模式,并对潘多拉商务模式未来的发展方向展开思考。

3.4.1 潘多拉简介

潘多拉(Pandora Media, Inc.)成立于2005年,是全美互联网音乐电台的领军企业,致力于通过各种连接性终端为每一位听众提供个性化的优质音乐体验。2011年1月开始,潘多拉筹备IPO融资1亿美元,并于2月正式向美国证券交易委员会(SEC)提交申请;2011年6月15日,潘多拉在纽约股票交易所正式上市。

截至2011年1月,潘多拉已拥有8万名歌手的作品、80万首歌曲以

---
① 作者为北京印刷学院传播学研究生赵越

及超过 8 千万的注册用户，平均每秒增加一位注册用户；听众聆听时间占全美前 20 名网络电台与音乐网站总时长的 50%。自成立以来，潘多拉用户已创建 14 亿个人电台。

潘多拉的成功，最主要的原因就是它基于精准定位技术的商业模式。一方面，它基于大数据收集与分析的精准内容推送技术，极大地优化了数字电台的收听体验；另一方面，以广告为主要盈利模式的潘多拉通过采用 OBA（线上行为广告）精准广告模式最大程度上削减了广告对用户体验的干扰，同时也为广告主带来了增值。

1. 主要业务

针对用户——潘多拉开创真正意义上的"一对一网络电台"。基于用户偏好为用户精准推送内容。潘多拉对用户提供的大部分功能是免费的，同时也对用户提供一定的付费项目。

针对广告主——潘多拉给广告主提供多个媒介发布渠道，包括电台、搜索引擎、浏览器、手机（如安卓、黑莓、苹果等开发的 App）和汽车音响等。同时与众多 DSP、Ad exchange 公司展开广告交易合作，为广告主提供精准的广告投放。

2. 目标客户

潘多拉的主要客户集中于 PC 终端和移动终端的使用者，同时也包括汽车音响（宝马、奔驰等）、音视频电子设备（MP3 等）、电视及其他播放器的使用者。

3. 产品和服务

其产品和服务内容如表 3-1 所示。

表 3-1　产品和服务

产品	服务内容	服务特色
海量个性电台	允许每位听众根据自己的爱好、心情、情景等因素建立高达 100 个网络电台	个性
线上音乐商城	与唱片公司合作，随时为听众提供线上音乐付费下载服务	便利
音乐基因组技术	根据每位听众所选歌曲的内在特质（超过 400 种类别）自动为电台收集类似音乐	智能
即时反馈功能	按照每位听众的反馈实时更新播放内容	即时

3.4.2 潘多拉的业务系统

潘多拉的业务系统并不复杂，主要与分三个业务层面：版权购买业务、广告业务、用户付费业务。在第一个业务层面潘多拉解决了数字音乐版权的来源问题；第二个业务层面是潘多拉的主要收入来源；第三业务层面是潘多拉的稳定收入来源，同时也为用户提供更多的服务如图 3-11 所示。

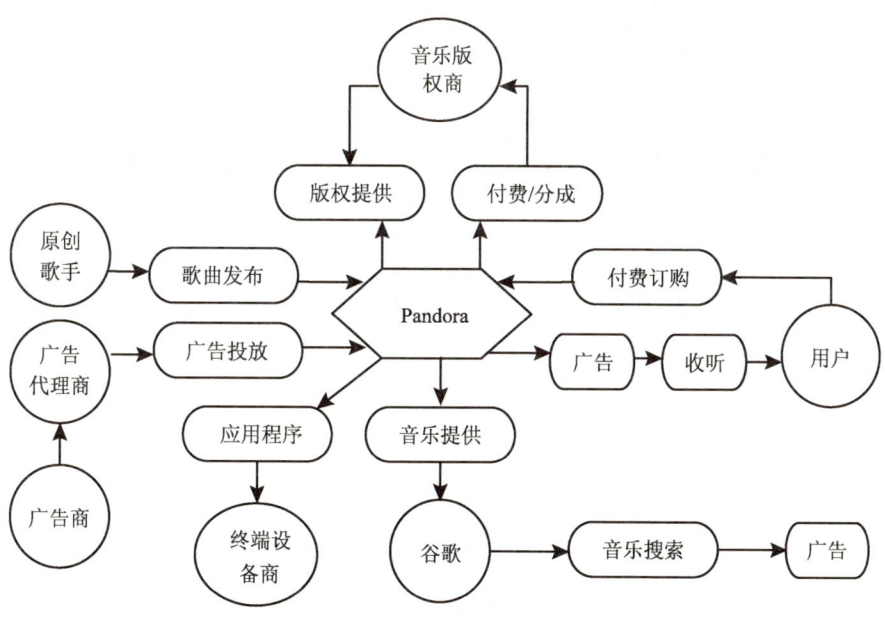

图 3-11　潘多拉的业务系统

3.4.3 潘多拉基于精准定位的核心能力

1. 数据分析处理能力——音乐基因工程

潘多拉最核心的技术就在于其音乐基因工程背后的算法，这种技术的核心使命就是增强个人化音乐发现能力。该工程主要由两组人员驱动：在前端，潘多拉的音乐专家们（专业的音乐家以及音乐理论家）聆听各首单曲，并根据 480 种音乐属性分类标准，以贴标签的方式对该单曲的基因进行分析；而在后端，用户对其听过的每首单曲通过点击"thumbs – up"（好评）及"thumbs – down"（坏评）做出评价，以这种方式在该音乐属性间留下了自己的偏好线索，同时根据这些线索与数据库中的其他音乐属性（如旋律、和声、节奏、乐器、音色、歌词等）进行匹配，进而根据用户喜欢给出精准的音乐推荐。据威斯特伦表示，到目前为止其音乐基因工程背后已累计了 100 亿条评价反馈（如图 3 – 12 所示）。

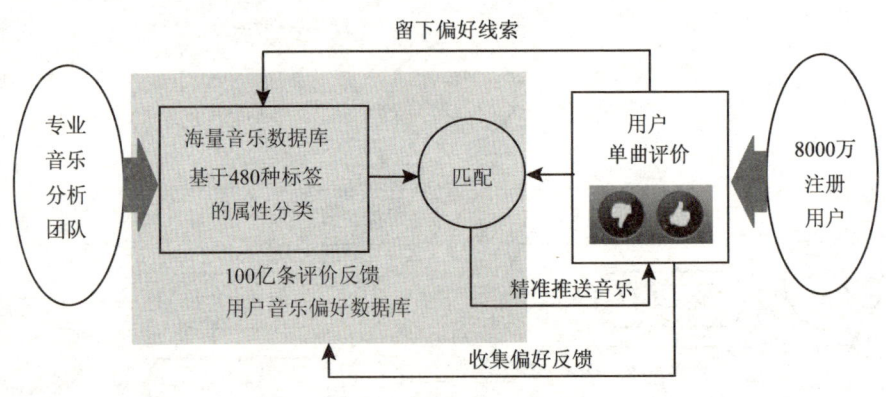

图 3 – 12　音乐基因工程模式图

2. 为广告客户增值的能力——精准广告与多媒体投放

潘多拉采用的 OBA 精准广告模式，为广告客户的投放行为带来了增值，同时，多媒体投放形式也为广告客户提供了更多选择。

3.4.4 潘多拉基于精准定位的盈利模式

1. 经营状况

(1) 广告是主要收入来源

从 2009 年到 2013 年潘多拉收入增长趋势中可以看出（如表 3-2 所示），Pandora 盈利模式主要是依靠广告业务（广告收入约占总收入的 90%）。当然也可以发现订购其他收入的占比正在逐步增长，可见其除广告外的业务模式已逐渐为用户所认可，亦是其稳定增长的收入来源。

表 3-2 潘多拉 2009~2013 年收入财务报表

收入类型	2009 年	2010 年	2011 年	2012 年	2013 年(预测)
广告收入	$ 18,247,000	$ 50,147,000	$ 119,333,000	$ 239,957,000	$ 375,218,000
订购及其他收入	$ 1,086,000	$ 5,042,000	$ 18,431,000	$ 34,383,000	$ 51,927,000
总收入	$ 19,333,000	$ 55,189,000	$ 137,764,000	$ 274,340,000	$ 427,145,000

（数据来源：Pandora Q2 Historical Financial_(P) Historical Detailed Financial Q2FY12_07-31-11 Pandora Financial Results Press Release _w_Financial Tables Q4FY13 _03-07-13）

(2) 经营成本较高

从 2009 年到 2013 年潘多拉的成本支出数据中（如表 3-3 所示），可以看出潘多拉经营至今尚没有实现盈利。潘多拉的主要成本支出集中于购买数字音乐的版权费用和自身的市场营销费用，可以看出美国的数字音乐网站十分重视版权维护，但坚持正版音乐是需要付出高昂成本的（潘多拉网络电台主要通过歌曲播放次数，营收分成或者两者结合等三种形式支付音乐内容授权费用）。同时，基于互联网的数字音乐网站必须不断扩大用户量和浏览量，以吸引更多的广告主和投资商。

表3-3 潘多拉2009-2013年成本支出财务报表

支出类型	2009年	2010年	2011年	2012年	2013年(预测)
版权分成	$15,771,000	$32,946,000	$69,357,000	$148,708,000	$258,748,000
直接成本	$7,398,000	$7,892,000	$11,559,000	$22,759,000	$32,019,000
产品更新	$6,116,000	$6,026,000	$6,736,000	$13,425,000	$18,118,000
市场营销	$13,256,000	$17,426,000	$36,250,000	$65,010,000	$107,715,000
管理费用	$4,290,000	$6,358,000	$14,183,000	$35,428,000	$48,247,000
盈利/亏损	$-27,407,000	$-15,459,000	$-321,000	$-10,990,000	$-37,702,000

(数据来源：Pandora Q2 Historical Financial_(P) Historical Detailed Financial Q2FY12_07-31-11 Pandora Financial Results Press Release _w_Financial Tables Q4FY13 _03-07-13）

2. 针对用户的收费模式

潘多拉针对Web用户是完全免费的，对用户的收费模式主要集中在移动端上，同时提供音乐下载平台的支付渠道。

(1) 移动设备付费项目

为了努力平衡不断增加的高昂版权支出费用与为用户提供最大限度的免费服务之间的矛盾，潘多拉选择在移动端增加收费项目。之所以选择移动端，也可以看出潘多拉对于移动市场必将逐渐替代PC端趋势的战略性考虑。潘多拉基于移动设备的App下载是完全免费的，但是潘多拉App规定用户每个月只有40小时的播放时间是免费的，超时需要付费。付费方式有两种种选择：

1) 支付0.99美元开通这个月剩余的播放时间。

2) 升级至Pandora One，可每月支付3.99美元或一次性花费36美元获得一年的收听权限。

除此之外，升级至Pandora one还可获得如下服务：

1) 可去除全部广告。

2）享受更高品质的音效。

3）自定义皮肤。

(2) 提供单曲购买渠道

潘多拉电台不仅为用户提供精准推送音乐的收听服务，而且也为用户购买音乐提供渠道。在每首歌曲下方，都会出现一个链接 iTunes 和 Amazon 的购买按钮，用户可以通过这个渠道购买他们喜欢的音乐产品。所获得的收入由音乐购买平台向潘多拉进行分成（分成比例不明）。

3. OBA 广告模式

广告是潘多拉最主要的商业模式，其广告收入占其业务收益的 90%，是支撑其网站运营的重要资金来源。但通常情况下，广告也是降低网站用户体验的主要因素之一，因此潘多拉的广告模式的核心就是提升广告内容与用户偏好的相关性，同时在广告的展示时机、内容的展现方式上进行优化。另一方面，精准广告也是提升广告主 ROI 的有效手段之一，目前，OBA 是潘多拉的主要广告模式。

OBA（Online Behavior Advertising），即线上行为广告，具体来说就是一系列拥有数据分析收集与能力的公司通过采集和分析用户上网活动的信息，向用户精准推送与用户属性及偏好相关性极高的广告的过程。目前，潘多拉的 OBA 广告模式已经非常成熟，已与约 100 多家从事 OBA 广告服务的公司建立合作关系，包括 Ad exchange（广告交易平台）、DSP（需求方平台）、SSP（供应方平台）、数据提供公司等。

在用户填写注册信息时，潘多拉就会将用户诸如年龄、性别等的人口属性录入数据库，提供给上述的相关公司作为广告精准投放的依据。结合这些数据，这些公司也会通过追踪 cookie 采集该用户的网上浏览行为，综合分析用户的偏好与消费取向，并在其收听潘多拉时向其投放具有高度相关性的广告。

除了广告的精准性，潘多拉网络电台允许广告主将广告设计成多媒体结合的形式，以增强广告传播效果，而这是其他同类型网站所不具备的。对于广告主来说，他们有了更多的选择去展示品牌和产品信息，这是潘多拉为广告主提供的增值服务。

同时，除了OBA，潘多拉减轻广告对用户体验干扰的措施还有以下两种：

1）优化广告推送时机和时长：音频和展示相结合的广告一般持续10秒左右，潘多拉非常注重用户体验，每小时的音频广告只有不到1分钟的时间。

在用户添加电台或换歌的间隙插播广告，通常每播两首歌会插播一条广告。保证用户在收听单曲的过程中不会收到任何广告干扰（如图3-13所示）。

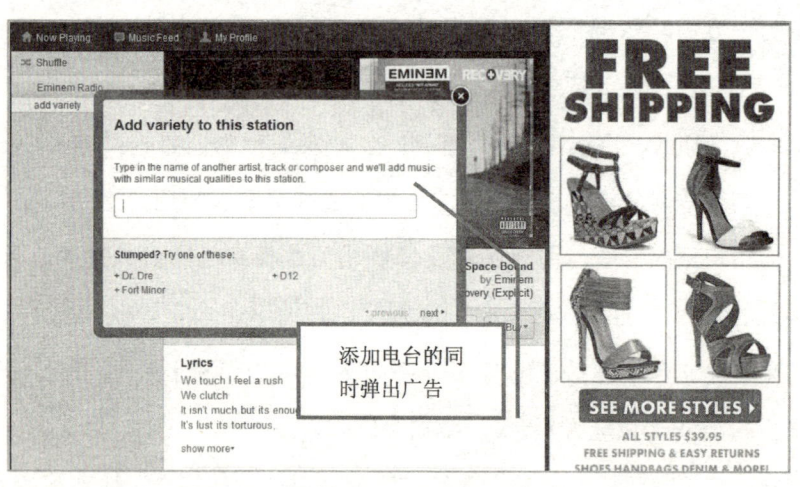

图3-13 广告弹出

2）以创意形式将广告完美植入主题推荐电台：广告主可以根据自己的产品或品牌特点，将广告信息植入主题电台，并由潘多拉向用户推荐该电台。当用户点击播放潘多拉推荐的水果零食主题电台，页面会瞬间切换成水果风格的主题皮肤,并且在播放器右侧出现水果零食的广告(如图 3-14 所示)。

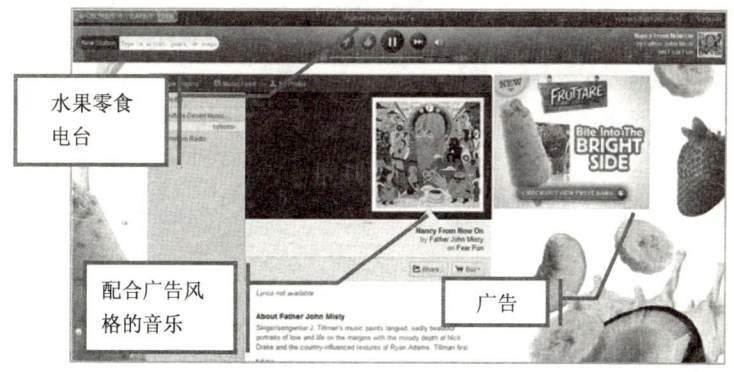

图 3-14 广告植入

3) 提供去广告服务的购买业务:升级至 Pandora One。

4) 隐私保护措施:第三方公司提供的 Opt – Out – Tool 服务(如图 3-15 所示)。

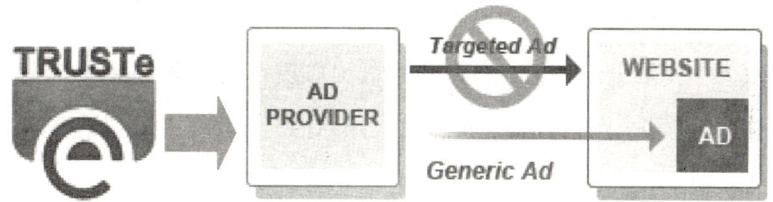

图 3-15 Opt – Out – Tool

美国民众十分注重个人隐私的保护,为了不使 OBA 精准广告对用户造成困扰,潘多拉引入了 TRUSTe 公司提供的工具让用户对广告进行自主控制,让用户可以选择避免那些公司利用自己的信息(广告变成非针对性的普通广告)投放广告。TRUSTe 公司主要提供了两种工具供用户使用如表 3-4 所示。

表3-4 两种工具

方式	原理
广告信息来源提示	图标表示广告隐私的通知和选择,该图标会出现在广告右下角。用户可以通过点击图标了解广告来自于哪个公司,通过什么方式到达,用户可以选择拒绝该公司以OBA广告的形式使用他的信息。
隐私政策;直接退出	阅读公司的在线隐私政策。如果用户不希望某个公司使用他的个人信息,该公司会提供一种方式退出公司对用户cookie信息的掌握。

4. 谷歌搜索广告模式

潘多拉在2011年财务报表中中特别提到谷歌扮演着他们的在线广告代理机构,2010财年、2011年谷歌分别贡献总营收的11.4%和6.3%。在与谷歌的合作中,谷歌凭借庞大的流量基础为潘多拉带来了相当可观的收益。

具体来说,谷歌与潘多拉的广告合作主要以两种方式进行。一种方式是,谷歌扮演广告代理商的角色,直接与广告主保持合同关系,并将广告推送到潘多拉网络电台空闲的展示区域,潘多拉网络电台从谷歌所获得的广告收入中提取分成。另一种方式是,用户在谷歌检索之后点击某首歌曲的搜索,页面指引到Pandora后,如果用户同时点击了谷歌放在Pandora上的广告,那么由此产生的广告收入由谷歌和Pandora分成。

5. 从现金流结构看商业模式的价值

潘多拉的先进结构主要由三部分组成:经营活动现金流、投资活动现金流和筹资活动现金流。从潘多拉的年度财务报表中可以看出,2009年-2013年潘多拉的筹资情况持续走高,自2011年以来经营现金流也有所好转,充分证明市场对潘多拉商业模式的信心与未来盈利的看好(如表3-5所示)。

表 3–5　潘多拉 2009 年～2013 年现金流结构表

单位：千/美金

净现金流类型	2009 年	2010 年	2011 年	2012 年	2013 年（预测）
经营活动	-14703	-27474	3222	5358	-250
投资活动	6967	-1569	-7893	-58550	15185
筹资活动	14762	35599	31555	54270	6669

（数据来源：Pandora Q2 Historical Financial_ （P）Historical Detailed Financial Q2FY12_ 07 - 31 - 11

Pandora Financial Results Press Release _ w_ Financial Tables Q4FY13 _ 03 - 07 - 13）

3.4.5 潘多拉未来发展：向社交维度拓展

通过上文对潘多拉基于精准定位的商务模式的分析，一方面，可以看出潘多拉精准定位的核心技术极大的提升了用户体验，收获了大批铁杆用户；另一方面，潘多拉的精准广告模式极大的提升了网站广告流量变现的能力，为广告主广告投放提供了增值服务，并成为潘多拉占比极大的业务收入来源。但是，这样的商业模式所获得的收益并不足以支付庞大的音乐版权购买开支，不论是 OBA 广告还是与 google 合作的广告模式，作为整个网站成本及运营的支撑还是略显单薄和单一（潘多拉近几年的财务报表均显示亏损境况），即便如此，潘多拉的广告模式依然显得小心翼翼，生怕用力过猛而痛失用户。

未来的潘多拉在商业模式上可以向社交维度发展，虽然他目前已经引入部分社交功能：用户可将自己电台的歌曲分享至 Twitter 和 Facebook，也可以分享在潘多拉自己的社交网站上。同时潘多拉的 MusicFeed 功能可以让用户的好友看见自己的音乐搜索轨迹，当把某潘多拉用户加为好友后，就可以看到他们正在收听、谈论或打分的随时更新的活动状况。

但是潘多拉的社交属性偏向于弱关系，即每个用户都是独立的个体，社交关系主要靠相同的收听兴趣维系，缺乏即时互动性，这样的社交很难向社区或平台化发展并引入盈利模式。或许，未来的潘多拉可以设置一个"我的社交电台"，这样可以在不干扰个人化私家电台的情况下，可以让用户播放好友喜欢的歌曲，或者为自己的好友点歌。相信这样的社交电台平台化路线可以延伸出更多的盈利点，让潘多拉在社交维度上建立起新的商业模式。

3.5 酷我商业模式的三维度[①]

现代管理学之父彼得·德鲁克说过："当今企业之间的竞争，不是产品之间的竞争，而是商业模式之间的竞争。"所谓商业模式，是企业为了获取利润进行的各种相关活动的整体性设计与描述，旨在说明企业如何对战略方向、运营结构和经济逻辑等方面一系列具有内部关联性的变量进行定位和整合，以便在特定的市场上建立竞争优势。一种好的商业模式应该兼顾所有利益相关方的动机与需求，并设计多种合作与交易机制以满足各方的需求。

综合参考一些对商业模式的定义，商业模式可以被看做是一种由市场定位、经营系统和盈利模式三个维度组成的有机体系，基于这三个维度和诸多研究的总结，商业模式大概包含9个要素（如表3-6所示）。

---

① 作者为北京印刷学院传播学研究生杜春晖

表 3-6　商业模式 9 要素

维度	商业模式要素	描述
市场定位	1. 价值主张	公司通过其产品和服务所能向消费者提供的实用意义
	2. 目标消费者	公司所瞄准的消费者群体。定义消费者群体的过程也被称为市场细分
经营系统	3. 分销渠道	公司用来接触消费者的各种途径，比如市场策略、销售策略等
	4. 客户关系	公司同消费者之间建立联系的方式及结果
	5. 价值配置	为了创造价值而进行的资源和活动的配置
	6. 核心能力	公司执行其商业模式所需要的能力和资格
	7. 合作伙伴网络	公司同其他公司之间为有效地提供价值，并实现其商业目的而形成的合作关系网络
盈利模式	8. 成本结构	商业模式中所使用的方法和要素的金钱表现
	9. 收入模型	公司赚钱的各种收入现金流

基于此，笔者在此解读一下酷我的商业模式。

3.5.1 市场定位：深耕数字娱乐体验

酷我自 2005 年 8 月成立以来，一直致力于发展以音乐为核心的数字娱乐服务，为互联网民提供最优秀的一站式数字娱乐体验。

酷我音乐盒作为酷我科技的拳头产品，本着以用户体验为中心的产品设计理念，凭借多项专利技术，不仅开创了在线音乐播放器的新方向，而且带动了在线音乐的新风潮。很显然，音乐盒的目标客户是音乐爱好者，而音乐是生活不可缺少的一部分。我们每个人都听音乐，都欣赏歌曲。这样来说，我们每个人都是酷我的目标客户。作为酷我科技公司的旗舰产品，实现了即点即播的在线听歌功能，在国内率先解决了网民的第一上网需求（按照 CNNIC 的互联网调查报告，中国网民上网前 6 大应用分别是：网络音乐、网络新闻、即时通信、搜索引擎、网络视频和网络游戏，网络音乐排名中国网民上网第一大应用）。

在基本的听歌体验外，酷我同时提供在线 MV、同步歌词、明星图片秀、明星新闻和个性歌曲推荐等增值服务，扩展了用户的视听享受，博得了广大互联网用户的喜爱。

短短几年内，酷我音乐已经发展成为中国最主流的音乐产品之一。酷我音乐目前在互联网、手机上都有覆盖。数据表明，2011 年，酷我音乐的用户即达到 2 亿，每月约有 1 亿的活跃用户。艾瑞数据显示，在多款音乐播放客户端中，酷我音乐是月度累计时间最长，用户黏性最高的软件。"酷我音乐定位于一站式音乐媒体，可以为用户在互联网、移动终端上提供以音乐相关的一切服务"，酷我音乐创始人兼 CEO 雷鸣首先强调了酷我音乐的定位。(2011 年数据)

如今，酷我音乐已经形成了一系列跨平台多终端的数字音乐产品家庭，如酷我音乐、酷我音乐（手机版）、酷我 K 歌、酷我电台、酷我 DJ、酷我"唱吧"、在线音乐网站等；酷我音乐一贯坚持正版意识，与华纳、环球、索尼 EMG、百代、滚石等多家唱片公司开展合作，目前已经拥有一个百万正版曲库；酷我音乐还积极发现趋势引领潮流，目前正在利用"酷我 DJ"、"音乐微博"、"音乐分享"、"酷我唱吧"将音乐融合社交元素。

3.5.2 经营系统：全产业链拓展

"酷我，酷是指给用户提供一站式、全方位的服务，我是指以用户为中心，不断跟用户交流。"这是酷我给自己的定义，同时也是对用户的承诺，以用户为中心，不管跟用户交流。"听音乐，用酷我。"每次打开酷我音乐，就会听到来自或是汪峰来自或是林宥嘉或是来自其他酷我音乐的明星问候。

专题3 数字视听产业商业模式创新

随着互联网络的发展和科技创新,"云"成为这个时代各的科技热词。在音乐领域,也飘出一朵云——云音乐。云音乐,即是网络,即是共享。无论什么终端设备,都可以实现信息同步,和多终端同步。这种无处不在的愉悦云音乐享受,更加方便了用户体验,用户无需将大量的喜欢的文件拷贝到其他终端,就可以享受音乐收录,实现即时收听、分享。而致力于给用户提供全面最佳用户体验的酷我,正在成为中国最大的云音乐平台。

而从音乐本身为出发点,酷我不仅单单从"听音乐,用酷我"与用户建立联系。酷我一系列跨平台多终端的产品家族系列：酷我音乐、酷我音乐（手机版）、酷我K歌、酷我电台、酷我游戏、酷我酷吧等,不仅为用户提供了"听"的体验的最大满足,还从"唱"、"看"、"玩"为用户提供多重体验。系列多元的体验产品,不仅丰富了用户体验,同时从多角度与用户接触,了解用户体验需求,不断探索。

创新能力是一个公司发展壮大的核心能力,在探求商业模式的同时,酷我不断以创新引领音乐服务发展,不仅在产品上打造了包括"音频指纹识别"（是酷我独有的音频处理技术。它能根据旋律准确识别歌名、歌手、专辑名等信息。识别后的歌曲无论在音乐播放软件中,还是在MP3播放器中都会显示正确信息。应用这项技术可以为每一首歌曲编制特征码,从而实现歌曲的精确匹配和识别）在内的多项专利技术,丰富自己的硬实力,提给用户提供更好的体验提供技术支持。而且在产品创新方面,酷我音乐融合了当下流行的社区、游戏等元素,可以将音乐一键分享至新浪微博、腾讯微博、QQ空间、人人网等,将在线音乐与社交互动有效的结合,增强了传统在线音乐的交互性,带给用户全新的音乐体验。在音乐版权方面,酷我音乐平台已获得世界5大唱片公司及国内超过246家唱片公司的版权认可,是目前国内数字音乐领域版权问题解决最好，获得授权最多，与唱片公司合作最深入的音乐娱乐平台。

除了与新浪微博、人人网等社交互动的结合和与唱片公司的版权合作外，酷我与湖北卫视合作《大家来唱歌》、与12530合作"咪咕麦霸风暴"、与网络电台国际在线合作、与"中国达人秀"的合作、与步步高全球音乐之旅合作、与榕树下合作"民谣在路上"、与2011快乐女生合作"想唱就唱，梦想绽放"等电视媒体、广播媒体、网络平台开展广泛活动，取了良好的合作效果，形成一面覆盖线下线上、融合电视、广播、网络各种媒体的合作关系网络。

3.5.3 盈利模式：追逐时尚，固守传统

目前的国内数字音乐产业犹如两年前的视频产业，一些音乐公司开始显现出先天或后天的优势，但仍然缺少一个成熟的盈利模式。就酷我音乐目前的状况来说，主要的收入来源包括会员增值业务收入，网络游戏收入和广告收入。

具体来说：首先，作为一个商业平台，酷我音乐提供VIP增值服务来获取一部分利润。开通酷我VIP的注册会员，可以享受如尊贵身份标志、积分加速、专属服务的尊贵身份特权；及高清MV下载、专属服务器高速传输、完美音质试听、APE歌曲无限下载、去广告、海量音乐下载、本地网络优化音乐特权服务；还有音乐空间装扮、音乐空间背景音乐上传、空间扩容、评论留言高亮、投票增加、专属祝福的酷我音乐空间等特权。

其次，网络游戏收入。酷我提供用户"玩"的体验的一方面即是游戏，酷我不仅有网页游戏，而且推出搭载包括网页游戏在内的各种flash小游戏的游戏平台——酷我游戏盒。用户需要充值获取酷我币，来继续深入进行游戏。

第三，广告收入。作为每月有将近一亿活跃用户的音乐平台，酷我音乐自然受到了广告主的青睐，广告收入也成为酷我主要营收之一。①界面植入：用户在造作界面时适当植入相关广告。②音频广告：音频广告也是一种发展方向，但是不可以伤害用户体验。③产品定制，如酷我 K 歌定制 BMW 专版 K 歌软件。⑤精准营销：酷我音乐拥有中国互联网网民 25% 以上的渗透率，酷我音乐针对用户在历史记录以及音乐收藏中体现的不同特点，进行商业价值分析，通过"听歌识人"的独特方式，匹配用户的听歌历史和用户可能感兴趣的广告，达到精准营销的目的。

而酷我总裁雷鸣也透露，目前酷我的营收主要来自于广告收入和部分线下活动，未来将扩展社区音乐互动，在上述三个盈利模式上探索。就在刚刚过去的 2012 年，酷我举办了一系列的线下活动，包括校园行和选秀大赛等。举办线下活动，就是为了在向社区转型的同时积累推动用户互动，扩大"数字音乐 SNS"这一概念，为此，酷我还专门推出一项体验，即让参赛歌手的歌曲也收录到酷我音乐盒的乐库中。

除了线下社区，在网络时代 Web2.0 的今天，线上的交互和社区也是不容忽视，包含线上现在的线下社区化才更有活力更有意义。

其实社交网络的橄榄枝早已开始往音乐领域延伸，人们可以在网上组建音乐小组，打造自己的音乐圈子，标记喜欢推荐分享自己喜欢的音乐给圈子里的人，随着社区之间的融合渗透，音乐可以被分享到微博、人人网等 SNS 上去，出现在更多的人页面推送中。就好比 Web2.0 时代的来临，从用户的被动接受到每个用户都可以组建自己的圈子，利用个性的音乐文化作为互动交流的基础，逐渐织起一张"弱社交关系"网。有相关人士做过分析，国人对社交的需求是强社交关系。所谓强社交关系，是指"朋友圈"之类的小范围甚至是一对一的"私聊"，而弱社交关系是指泛泛之交，优势是什么？毫无疑问，就是更加广阔的人际关系。因为不论什么企业，

传统即现代：视听产业商业模式创新

提供什么样的产品和服务，归根到底是要面向人群的。人群的背后就是巨大的商机。所以社交化不论是线上还是线下，不论从现在还是到未来都是必然趋势。

社交化激活了人群的同时，随着谷歌放弃在华音乐搜索服务、百度整合旗下音乐资源打造正版音乐，国内数字音乐行业正悄然发生改变，正版化加速的同时，收费时代也在到来。不久的将来，习惯数字音乐免费的网友或许将习惯为获得更优质服务而付费。各大音乐平台正在酝酿在着对数字音乐下载实行收费，并探索更多互联网增值服务。用户在获得原有基础免费试听服务的同时，可通过付费方式获得接近CD水平的APE、FLAC格式音乐或MV，并获得其他付费权利。酷我也表示明年将推进收费业务，高音质的音乐将要收费下载，同时手机端的音乐缓存容量也会有一定限制，但是用户可以通过付费扩容。未来酷我的重心也是把免费服务和增值服务相结合，其中免费服务的部分以广告和游戏收入来支撑，增值业务则包括高音质、下载、明星互动等几项主要内容。

归根结底，一个音乐网站的好坏，用户最有发言权，确切地说是用户的体验感受说了算。如今，用户想要听歌，基本不再需要依赖搜索，而是直接去音乐网站。就像用户在网上买东西和看视频，不会去百度和谷歌上搜，而是自己去淘宝、去视频网站搜索一样。所以音乐网站要做的就是在探索商业模式的同时将精力更多地放在提供越来越好的服务，越来越舒服的用户体验。而酷我要专注的，仍然是提供全用户群体、一站式的服务。酷我要做的，仍然是在探索商业模式的过程中创新，完善。或许有一天，不靠广告，酷我依旧独领风骚。

3.6 中国电信爱音乐营销策略创新[1]

在移动互联网的时代背景下,中国电信整合网络资源,提出通过进一步加快增值业务拉动用户的规模发展,"爱音乐"业务就是3G增值业务的重点应用之一。如何在激烈的市场竞争中运营爱音乐业务,以此提高客户感知度及忠诚度,是公司增值业务经营中很重要的任务。本文的目的是结合中国电信爱音乐业务的经营现状,查找目前存在的问题,并提出创新型营销组合方案,从而提升中国电信在数字音乐市场的核心竞争力,推动互联网增值业务的进一步发展。

3.6.1 中国电信爱音乐业务概述

1. 中国电信

2008年年底,中国电信接收 CDMA 网,结合固话和宽带的网络优势,推出"天翼"品牌,打造"互联网手机"概念,力图把互联网的业务体系和移动的业务体系整合在一起,形成一个全新的移动互联网业务体系。数字音乐业务作为全业务运营体系中的重点业务,受到中国电信的高度关注,专门打造了多渠道、多终端、多形式在线获取海量音乐内容的"爱音乐"业务品牌,成立了专门的运营机构"数字音乐运营中心"负责日常运营。经过大约4年的集中运营,在内容引入、用户体验、业务量提升等方面取得了较好的效果,在支撑"天翼互联网手机"概念内涵、融合固定与

---

[1] 作者为北京印刷学院传播学研究生周怡玲

移动互联网资源、打造 3G 网络环境下的新型音乐门户方面进行了有益的探索和实践。

2. 爱音乐业务

爱音乐是中国电信数字音乐业务的品牌名称，是中国电信联合拥有丰富版权资源的唱片商为广大用户倾力打造的互联网在线数字音乐服务，为广大用户营造一个新颖、动感、便捷的音乐互动娱乐空间，提供全面、时尚、无缝音乐体验服务。爱音乐娱乐服务融合了彩铃、音乐盒、网络试听、音乐下载、音乐资讯、在线搜索、会员服务等多种音乐产品功能。中国电信的固话、无线市话、天翼手机及互联网等用户可通过"爱音乐"掌握流行音乐的前沿信息、搜索喜欢的旋律，并享受在线试听、定制彩铃等多种多样形式的服务。

3.6.2 爱音乐业务产品价值分析

1. 爱音乐业务是中国电信增值业务的收入型产品

随着中国电信业务运营的开展，增值业务的收入和潜在价值逐年升高，爱音乐业务的渗透率基本维持在30%，彩铃订购、音乐下载等收费服务是增值业务的主营收入。

2. 爱音乐业务是中国电信的战略型产品

"爱音乐"作为中国电信3G"互联网手机"的重点业务，理应首先体现"互联网手机"的内涵和定位。彩铃不足以体现"互联网手机"的特点，爱音乐业务为用户提供了WEB、WAP、IVR、短信等多种渠道，中央音乐平台聚合了海量铃音资源，是迅速形成客户规模的战略元素，因此爱音乐业务具有潜在拉动天翼用户规模增长的战略意义。

3. 爱音乐业务是移动互联网时代流量经营的关键产品

爱音乐业务能够很好的成为了移动通信和互联网之间的纽带，随着运营商对流量经营认识的提高,爱音乐业务的音乐下载成为是流量经营的良好体现。

4. 爱音乐业务是提升用户感知,增强用户忠诚度的产品

爱音乐业务使用户摆脱了原有单一通话的使用行为,为客户提供了差异化的音乐产品。经过近几年的产品培育,已经成为客户感知较好的产品,使用户养成了铃音订购、铃声推荐、手机视听、手机下载的习惯。另外,由于铃音资源丰富、品种齐全、易于操作,也提升了用户对于天翼手机的忠诚度,是快速占领桌面,降低用户离网率的黏性产品。

总之,爱音乐业务对于开拓增值业务的盈利模式、提升流量经营的业务量、提高用户的感知度及忠诚度等具有比较深远的战略意义和良好的商业价值。

3.6.3 爱音乐业务市场环境分析

1. 社会环境分析

移动互联网时代的来临,用户保持高速增长,新的商业模式不断涌现。到2012年,中国的移动互联网用户已经达到10亿,手机用户也已经接受按照流量计费的模式,并对流量经营的认知度进一步提高。因此,爱音乐的市场潜力巨大。

中国政府高度重视信息化工作,把信息化发展作为覆盖现代化建设全局的战略举措,并在《国民经济和社会发展信息化"十二五"规划(草案)》中引入信息化发展指数(Ⅱ)来综合评价和监测国家信息化发展的进程及总体目标的实现。信息化的发展为爱音乐业务在商务客户的拓展提供了市场。

移动增值业务丰富多彩:目前中国电信为公众客户提供了天翼阅读、天翼视讯、天翼空间、爱音乐、爱游戏、翼支付、189邮箱、手机报、天翼

Live 等丰富的移动增值业务，各个产品之间互相渗透、相互促进，3G 应用的驱动逐年提高，也养成了用户使用手机上网的良好习惯。爱音乐业务作为移动互联网增值业务的应用之一，也必将水涨船高，充满广阔的前景。

通信技术的发展日新月异，3G、云计算、智能终端等新名词层出不穷。技术的提升为用户提供了更高的接入带宽、更优的服务质量、更多的业务种类，也将带动数字音乐市场的进一步发展。

2. 主要竞争对手分析

（1）在线音乐

中国在线音乐市场中，主要包括搜索引擎网站、专业音乐网站、综合门户网站三类，用户已经形成了通过搜索引擎在互联网上搜寻喜爱的音乐，搜索引擎网站的市场份额已逼近 50%，专业音乐网站、综合门户网站基本各占 1/4。

（2）无线音乐

中国无线音乐市场中，主要包括中国移动、中国联通两大运营商和无线音乐服务商（SP），由于运营商在无线通道上具有天然优势，因此运营商的市场份额已达 90% 以上，SP 的市场份额非常小。

1）中国移动：采用 TD-SCDMA 技术为用户提供 3G 服务，目前同时运营 2G 和 3G 网络，拥有庞大的 2G 用户资源。在移动业务的运作和增值业务的经营上拥有非常明显的实力和经验，但由于 TD-SCDMA 技术与中国电信 CDMA 技术和中国联通 WCDMA 技术相比产业链不够完备，因此，在移动互联网服务上有所欠缺。中国移动在四川建立了无线音乐基地，其组织架构与运营模式与中国电信较为相同，由无线音乐基地统一管理音乐内容，负责 CP 的接入和审核，并上收各省的铃音资源，实现统一接入的模式。截至 2010 年末，中央音乐平台的铃音资源已达 135 万首，比中国电信 84 万多 51 万首。

2）中国联通：采用 WCDMA 技术为用户提供 3G 服务。由于重组前，同时经营中国电信 CDMA 网络和 GSM 网络，在移动用户资源上占有优势，并且具有移动业务的运营经验。中国联通于 2009 年在广东设置了中央音乐基地，在原有彩铃下载和炫铃的基础上，主推手机音乐业务。与中国电信相比，虽然在数字音乐的接入方式和产品功能上基本相同，但其品牌和形象建设相对落后，且内外部资源整合力度不够。

3）无线音乐服务商（SP）：主要包括新浪无线、TOM、创艺和弦、A8 电媒等。

3. 爱音乐业务的市场需求分析

根据艾瑞咨询集团《2011－2012 年中国数字音乐用户行为研究报告》研究显示，预计 2013 年中国移动互联网的市场规模达 600 亿元，如此庞大的用户基数势必给爱音乐业务带来光明的前景，受到移动互联网手机用户的规模增长因素影响，以及电信运营商对无线音乐业务的推广，用户对于爱音乐业务的需求越来越旺盛。

目前，用户对于爱音乐业务的需求共分三类：

（1）接入需求

用户可通过吉林电信提供的 CDMA 1X、EVDO、WiFi 无线网络和有线宽带网络直接接入到互联网的爱音乐门户。同时，在移动手机上吉林电信内嵌了爱音乐手机客户端和 3G 炫彩门户，供用户进行爱音乐业务的使用。

（2）核心需求

用户的基本需求，主要包括彩铃订购和音乐下载。这也是竞争对手提供给用户的主流产品，因此，需要通过增加差异化的产品和服务来增强品牌的口碑，以此增强用户的群体认同感。

（3）附加需求

用户的延伸需求，不同用户使用爱音乐要满足某些特定的需求，即心里诉求，这种潜在需求一旦被挖掘，将大大提升用户对爱音乐产品的忠诚度和对天翼的归属感。例如：爱音乐会员俱乐部、音乐搜索、来电视频MV等服务，这些附加的产品功能将给用户带来高品质的体验和感知。

3.6.4 爱音乐业务经营现状

中国电信"爱音乐"目前收入及业务量持续增长，注册用户到达1.3亿，年收入超过50亿元，2012年中国电信爱音乐完成收入55.3亿元。

目前，爱音乐资源曲库约80万首（其中彩铃30万、振铃30万、全曲20万），合作的CP（内容提供商）共约390家。爱音乐曲库按流行热榜、港台流行、内地流行、说唱RAP、热门对唱、网络流行、中国风、摇滚频道、经典红歌、戏曲精华、古典音乐等10个主要类别，覆盖华语歌曲70%。同时，爱音乐资源曲库以热度、热点事件作为邀歌依据，2010年百度TOP 500统计重叠度达85%以上。

爱音乐业务的运营组织包括了集团公司、数字音乐运营中心、各省公司以及CP/SP、全国和地方的渠道合作商（相互职责及关系见图），通过自上而下的运营模式，推进着整个行业在数字音乐的发展。

3.6.5 爱音乐业务发展存在的问题

1. 目标用户细分不明确

电信爱音乐业务已进入发展时期，但在业务功能比较丰富，用户感知相对良好的状态下，此项业务的驱动尚未形成规模效益，业务发展相对平缓，落后于中国移动和中国联通的平均水平。中国电信目前天翼用户共约1.8亿户，这些用户的工作性质、年龄、性别、月均消费水平、生活习惯等因素都会导致对产品的不同需求。因此，爱音乐业务在目标客户群还需要进一步细分，目标客户群的进一步明晰，对产品的后期开发、定位、营销都有较大的帮助。

2. 曲库尚需完善，产品间互补优势不够

爱音乐曲库容量、图片、歌词、MV 数量不足，尤其在新歌资源上的不足更加突出，且响应市场的速度较竞争对手慢。另外，产品之间的融合力度不足，在产品设计方面并没有充分发挥出产品间的互补优势，例如：某首曲目仅可为用户提供彩铃、振铃、全曲、MV 中的 1 至 2 项。

3. 营销缺乏创新，门户有待整合

爱音乐营销过多依赖用户规模，用户的活跃度未形成上规模的业务推广渠道。在具体的营销活动中，缺乏突出而且鲜明的全年主题，以串连各次营销活动。合作营销无法全面整合内外部资源，且支付渠道和手段相对单一。爱音乐的全国门户支持 WEB（www.118100.cn）、WAP、IVR、短信等，各省门户支持 WEB（www.省简称.118100.cn）、IVR、短信等，全国门户和各省门户之间相互整合与交叉营销能力不足，未形成全业务、全方位的门户营销合力。

4. 互联网时代背景下，要求版权保护的力度较弱

目前我国数字音乐版权保护相对有限，这就造成在互联网开放性的特点下，用户可随时随地接入到互联网中免费获得歌曲；而"互联网手机"的推出，更加满足了用户通过手机访问互联网的实时、便捷要求。因此，爱音乐业务的做大存在一定的风险。例如：爱音乐业务的战略产品"音乐 MV 业务"，由于互联网免费视频的盛行，尽管该业务是 3G 时代内容应用的充分体现，但却无法找到它的盈利模式，因为用户使用手机下载音乐 MV 而支付费用的驱动并不明显。

5. 终端产品相对不足，为业务发展带来瓶颈

目前爱音乐手机客户端已完成 270 款的适配，投放市场的适配终端 170 余款，覆盖 Android、Mobile、Brew、Wince 等几大手机操作系统，据

统计 2012 年末客户端累计使用爱音乐产品的用户数已超过 1 亿。但由于天翼终端数量相对于竞争对手数量较少、类型较不齐全，造成了与实力厂家合作，打造深度定制音乐手机的门槛过高。为抢占爱好音乐的用户群体，以促进爱音乐业务量的大幅提升，从而推动产业链的发展带来一定瓶颈。

3.6.6 营销策略建议：交叉补贴与规模扩张

如果业务的产品线较丰富，有不同功能的分类产品，那么会导致用户对部分产品价格敏感，对部分产品价格不敏感，因此就形成了产品之间交叉补贴的空间。可以利用用户对某产品价格敏感并熟悉，对另一些产品价格不敏感或陌生的特点，打包组合产品销售给用户。为了让用户清晰地感知和迅速做出决定，交叉补贴的产品组合不应太复杂，所以在其它产品需要深层次体验的情况下，建议强势的"彩铃订购"+弱势的"音乐下载"作为组合。"音乐下载"扮演基础产品角色、"七彩铃音"扮演盈利产品角色，进而吸引用户，达到单独订购"七彩铃音"或"音乐下载"业务所不能达到的业务规模，取得在资源分散条件下所不能取得的双赢局面。

（1）维持"彩铃订购"业务资费、吸引"音乐下载"业务量模式

通过"音乐下载"业务的补贴方式，维持"彩铃订购"业务的收入和资费政策，保有现网爱音乐用户，并吸引"音乐下载"业务量。这种模式下，"彩铃订购"业务需要返补收入给"音乐下载"业务。

（2）降低"彩铃订购"业务资费、拉动"音乐下载"收入模式

通过降低彩铃订购"业务资费，提升"音乐下载"的收入份额，以此同时吸引两种业务量。这种模式下，"彩铃订购"业务和"音乐下载"业务按固定比例分成，但预期"彩铃订购"业务收入增幅仍会高于"音乐下

载"业务,故前者仍属盈利产品,后者是基础产品。由于流量费在业务或网络不稳定时,容易产生错误计费,建议在这两种模式下均免除"音乐下载"业务的流量费,仅收取信息费。同时,音乐感知类、音乐功能类、音乐搜索类、音乐生活类四个维度的亮点产品均让用户免费体验使用。会员俱乐部价格策略成为爱音乐会员俱乐部的用户,一般对数字音乐产品有强烈的需求,其业务消费额也较高。他们愿意尝试新鲜的业务与服务,并希望通过会员服务专享特权。合理的会员分级有利于体现用户等级差异,不同会员等级间合理的产品内容、价格区隔也能够激励用户向更高级别会员发展,更加稳定、持续地贡献价值,提高对品牌的忠诚度,从而实现用户与企业的双赢。

3.7 歌华有线:借船出海,海阔天空[①]

近年来,国际三网融合业务也成为发达国家新的经济增长点,欧美国家的三网融合业务发展已进入全面融合平稳增长的阶段,有线电视因其天然优势在三网融合中占据了重要位置。在中国,随着国家关于三网融合的相关政策不断出台,国内有线电视业务也迎来了随文化产业振兴的发展新机遇。

歌华有线是北京市政府批准的唯一一家建设、经营和管理全市有线广播电视网络的龙头单位,为首都市民传输有线电视服务已逾14载。作为北京市第一批转企改制的文化企业,率先在技术革新的背景下提出了数字电视转型,在北京地区推广高清交互电视这一战略,成为首都特色文化建

---

① 作者为北京印刷学院传播学研究生张骁

设。有线电视双向改造的重要成果，彻底打破了原来有线电视"你播我看"的传播机制，实现了"我点我看"，成功将电视盒塑造为家庭多媒体终端和一个全面的社会信息化平台，"高清+互动"让在网络时代变得愈显疲态的有线电视，重新焕发了活力，摇身一变成为新新媒介。一时间，全国电视技术行业聚焦北京，聚焦歌华有线。

随着歌华有线高清互动电视的盒普及在北京地区快速铺开，歌华有线这家传统国企的运营模式从单一的电视服务提供商到数字电视平台的运营商发生着悄然转变，以原有内容提供为基点，向产业链上下游双向拓展，紧扣北京市委推进生活公益建设主旨，开发了多项丰富百姓文化生活，便民缴费通道等增值服务，它们结合交互平台所吸纳广告收入，已成为歌华有线公司主要利润支柱。

歌华有线的电视盒的成功无疑为我国三网融合提供了一个政府政策扶植，企业商业运作提供了一个标杆案例。

3.7.1 歌华有线高清交互电视盒发展历程

2009年9月，为贯彻落实《北京市调整和振兴电子信息产业实施方案》和《北京信息化基础设施提升计划》，按照市委、市政府积极推进电视频道高清化的工作部署，北京市启动了高清交互数字电视推广工作，开启了全国高清交互数字电视推广的先河；同年12月，市政府专题会议明确要求将该项目纳入《北京市调整和振兴电子信息产业实施方案》和《北京市信息基础设施提升计划（2009－2011）》；歌华有线电视盒推广作为"惠民工程"北京市政府向歌华有线发放高清有线数字电视专项补贴19.68亿元专项用于购买广播频道，付费频道等节目经费资助高清交互机顶盒补贴高清交互基础设施示范工程（应用工程）项目，极大地推动了北京有线数字电视产业的发展，2010年推广100万户、2011年推广130万户，截至

2012年，高清交互用户总数目达到310万，覆盖全市18个区县铺设光缆线路2.3万余公里电缆线路24万余公里接入383万户的超大型有线电视网络。

歌华有线高清数字交互电视是集互联网、多媒体、现代通讯等多种技术于一体，以电视机和高清交互式机顶盒为终端，向用户提供包括高清频道收看、高清视频点播、在线游戏、电视支付、远程教育等多种视频和应用服务，是有线电视数字化改造后的主营业务。"高清+交互"是数字电视本质。"高清"即高清晰度电视格式标准，满足高清是现阶段广电业最大优势，它的普及对于拉动内需有重要意义。"交互"是受众由"看电视"转向"用电视"的关键支撑，也是传统有线电视到综合信息交互平台跨越的核心，运营商可借助交互技术（交互平台+交互遥控器）开展商业增值业务，是重要的盈利点。

高清交互电视盒非一个新鲜的概念，业界称之为"IPTV"，主要的用户应是介于传统用户与互联网用户之间的中间群体，传统用户是老人，对电视盒的功能特色并不敏感，而互联网用户相对年轻，网络资源更加丰富。歌华有线尤其政策推广意义，定位是为北京用户提供社会综合信息平台，而其增值服务应是愿意以家庭电视机为媒介中心得中等阶层以上的一家之主或有娱乐需要的年轻人群体。

3.7.2 高清交互电视盒功能架构及特色业务

1. 电视盒功能架构

高清交互数字电视的主页上目前共设有11大栏目，用户对高清交互数字电视页面的访问总量达到5091万次，可估算2013年初点播次数足而以亿次累计。其中使用最多的是"歌华点播"功能，其次是"回看录制"和"卡拉OK"功能。可见"交互"功能深受观众喜爱（如图3-16所示）。

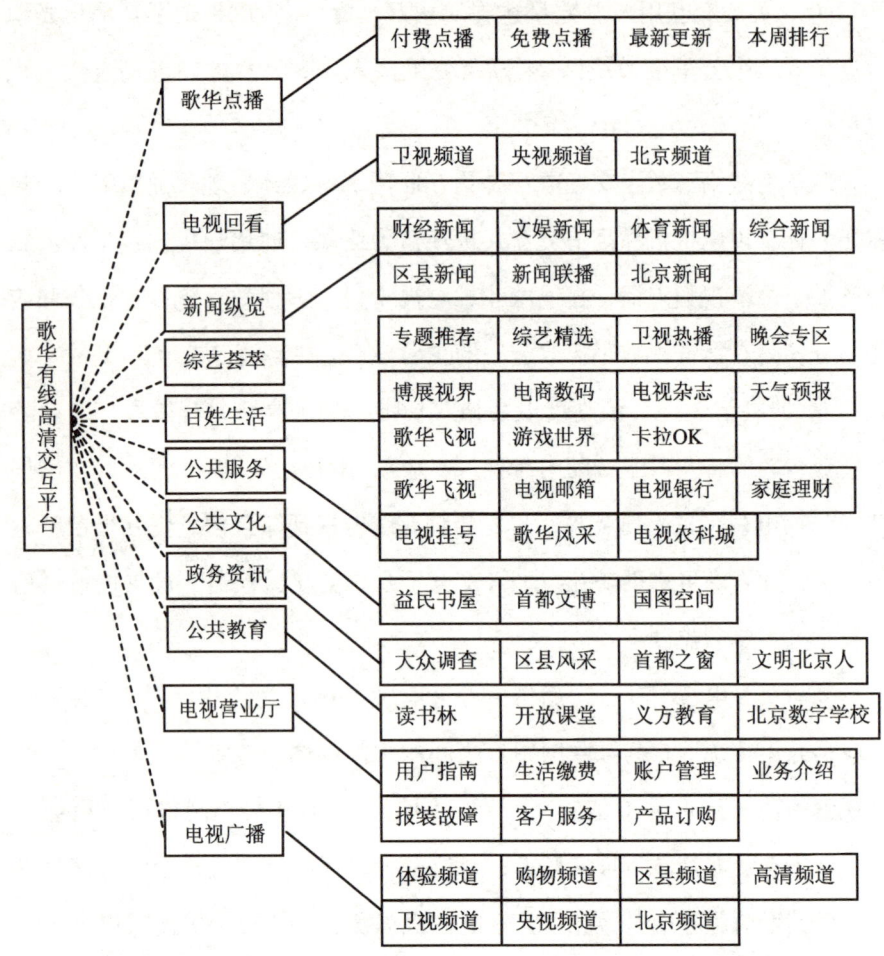

图 3-16 歌华有线高清交互电视平台功能架构图

歌华点播平台欢迎页面 UI 设计呈 L 型分布，横轴为大栏目，纵轴为栏目下细分，整体感觉操作方便，一目了然。自歌华点播平台上线以来，秉承着围绕便民信息平台打造高附加值市场化增值业务的思路，培养并不断强化竞争力，几大主营业务极具特色。

2. 电视盒特色业务分析

笔者列举的特色业务既是歌华有线在全国广电行业有名气的推广名

片,也大多是歌华有线数字高清交互电视盒的主要盈利方式。

(1) 社会信息平台化战略赋予电视盒新灵魂

在三网融合的背景下,不仅成为本市电子信息产业和信息化的重点推动力量,更成为北京市提升城市综合竞争力的一项基础建设工作。为更好落实"为民办实事工程",北京市高清交互数字电视平台的建设一直坚持紧扣"公益性"开拓业务。在高清交互数字电视业务中有三大类服务:政务资讯服务(包括"首都之窗"、"区县风采"、"民情民调"、"文明北京人"等)、公共文化教育服务(包括"益民书屋"、"读书林"、"北京数字学校"和"电视图书馆"等)、便民公共服务(包括"电视缴费"、"电视挂号"等)打造了高效的综合社会信息平台。随着歌华有线电视盒的政策推广,整合首都优势资源,深入寻常百姓生活,是文化发展繁荣下公益性发展成果惠及人民的体现,成为百姓文化生活新入口。

(2) 歌华点播、电视回看"选节目"概念成稳定盈利点

歌华数字高清电视诸多功能中"歌华点播"、"回看录制"两项功能拥有最多人气。应用云存储技术,歌华公司在交互平台中植入了近600部电影,电视剧5000多集,各式晚会录像、赛事录像、书画教程、美食厨房等近百套节目供观众免费点播,当然这个数字还在与日俱增,它极大的满足了人们提升生活品质的诉求。歌华有线出重金购买这部分影视资源的版权,一是为整个电视盒视频资源奠基,打造客厅电影院概念,二是利用免费节目培养用户使用习惯。开设付费点播专区,提供更新鲜更高品质的视频资源。付费点播业务包括歌华SITV高清或北广高清付费服务,包月35元,半年180元,全年336元。目前在全部电视盒用户中,开启付费服务的比例达到16.7%,随着网络传输稳定性、视频质量,用户使用黏度的提高,这部分盈利空间会持续稳定增长。

"电视回看"就是观众可以重新收看过去一周内已经播放过的电视节

传统即现代：视听产业商业模式创新

目。目前歌华电视盒支持央视全公共频道，北京卫视全频道，主流地方频道电视回看。并开设专门新闻纵览栏目按内容类型分提供财经、体育、综合新闻回看。按地理位置分有北京区县新闻回看及全国36个主要城市的地方新闻回看。成为观众随时了解国内外新闻的快速通道，具有极强的实用价值。这一功能也意味着观众不用守在电视机旁收看自己喜欢的电视节目，即使错过了，也可以通过回看功能来补救，而且收看的过程中可以任意对当前播出的节目进行快进、后退、暂停等操作，跳过不喜欢的内容。

"歌华点播"、"电视回看"彻底打破了传统受众电视台你播我看的单向传播路径，让受众有能力"选节目"，甚至通过付费选"更好看的节目"，在颠覆了电视行业传播机制的同时成为重要的盈利点。

（3）歌华飞视让WiFi时代的广电运营商走向移动终端

据CNNIC统计我国手机互联网用户已逾3.16亿，伴随WiFi热点的普及，用户进入互联网的入口从PC端走向以智能手机、平板电脑为代表的移动终端。歌华有线及时抓住这一行业脉搏，在借鉴欧美国家先进经验基础上，提出了广电运营商面对移动终端上的业务探索：歌华飞视。这项业务基于有线网+无线WiFi覆盖这一北京地区歌华电视解决方案为基础。架构前端包括内容的导入以及整个内容的编解码，一些运营的管理，整个传输通道一是利用了传统内网交互传输方式，二是利用了有线电视独特的广播机制，通过网络com全网广播，通过HFC网向家庭机顶盒和公共场所的融合网元，基于WiFi技术来实现视频终端的覆盖。将WiFi模块做入机顶盒后，可在家中任意位置随心所欲观看视频，这项技术也开始在北京市公共场合如景区、医院、写字楼、餐厅大力普。这项业务优势有四：

第一，创新性。创新性上存在模式创新，广播网络和交互网络实现无线视频的沟通之后，技术上，通过融合网元实现了广播和异构网络传输的结合以及边缘协议适配技术，应用上把广播网络高品质的传输特性引入到无线视频服务。

第二，实用性。用户终端完全不需要任何改动，完全用目前 WiFi 上的模块就可以平滑接入，通过连接到"歌华飞视"的 WiFi，快速地下载一个客户端软件就可以享受到这样的服务。而且系统可以融合高并发流，高品质，高测试，在全网采用数据广播技术，在用户测转为交互分发，保证节目品质和体验效果。支持目前市场上流行的多种类型的无线终端，对多媒体格式也有很好的支持。

第三，经济性。已经覆盖了主要的主干网络，进行有线网的传输，这是歌华有线网丰富的资源优势，在家庭部署高清交互机顶盒资源优势，在热点地区只要是有线电视网通达的地方，接上融合网元就可以进行安全覆盖。

第四，安全性。主要是它有一个统一的播发前端，这样节目播发可管可控。这是主要的技术参数指标。

在今天，"得屏者得天下"的思路愈发深刻。歌华飞视是面对网络时代电视用户流失现象传统电视运营商实践三网融合技术挽救市场做出的一次积极回应。

（4）电视上开展的新媒体业务引人猜想

使用高清交互电视盒的体验中，笔者惊喜的发现了一些我们常在科技网站上探讨的新媒体技术已植入到电视盒功能中，不妨结合互联网上新鲜的案例在交互电视领域做一些大胆设想，这种变化实则令人惊喜，也彰显着这部分新媒体业务将会有更大的发展空间。

电视支付：目前用户可以通过机顶盒绑定一个电视银行，可用于支付歌华电视月租费、水电费、煤气费、固话费、交通罚款、供暖费等。目前歌华有线固定资金来源一是政府划拨补助金二是用户每月 18 元的月租费。电视支付的实践无疑给歌华商业模式中现金流业务提供了另一条流动管道。同时结合电视盒中数码商城、文体票务信息的布局、电子商务业务能否在电视上开展成为一片蓝海，这里歌华有线掌握信息资源和推广平台和支付服务等优势，但能否将这部分业务和电视媒介使用体验、习惯等落地结合问题还值得思考。

语音交互：目前歌华有线正和科大讯飞公司开展语音交互服务洽谈，我们知道SIRI的出现引发了互联网公司对用户上网入口的争夺，科大讯飞作为中国首屈一指的语音业务公司已为多家互联网手机制造商提供语音交互，这次会和电视碰撞出怎样的火花，人机互动行为背后是否存在大数据技术及业务的应用都将是新的尝试，歌华有线有着庞大的用户集群和北京市巨额资助金输入，或将成为一个新媒体弄潮儿。

远程教育：在线教育也是当下互联网行业的热点业务，从已学的媒介理论知道，电视一直是凝聚家庭成员思想行为的友好媒介中心，有着极高的推广度和受信任度。歌华有线的国企背景可让其获得优质的教育资源，那么结合其覆盖全北京的发行渠道，考虑首都市民的人均GDP和教育需求，在家庭的电视机前开展远程教育似乎说的通，当然这部分业务现阶段受国家支持免费提供义务制教学资源，但如果业务模式成熟，是否向市场开放是个疑问。

数字出版：机顶盒设有"数字图书馆"，"数字杂志"、"国图风采"等阅读频道，可阅读包括"中国国家地理"等杂志，也可按经管、教育、历史、文学等分类阅读书籍。目前这部分业务开发的深度还不够，用户体验差。但如果在提升阅读体验如字体得当，字号清晰等向本市中老年群体推广读书读报业务也未尝不可。

3.7.3 高清交互电视商业模式及盈利点分析

1. 歌华有线高清交互电视商业模式分析

（1）自营模式显公益性投入高资金回流慢

目前我国数字电视推广初期多采用政府买单的形式，歌华有线亦采用这一模式。由政府及其相关部委出资，赠送给用户机顶盒，通过从用户收取基本月租费、增值服务费等费用逐渐返还设备终端供应商成本。

如图 3-17 所示，张歌华有线高清交互电视产业链示意图中，歌华有线在内容运营商，网络运营商，电视盒供应商等主要运营环节都已打通，只有内容提供环节还未涉及，不同于一般的 IPTV，歌华有线电信网，电视盒都是自家产品，不涉及利益分成。这种模式便于操作和管理，也最大程度降低了边际成本，这满足了电视作为社会主义国家宣传喉舌的需要，但从产业链角度讲这种模式资金回流慢，不适宜快速发展。

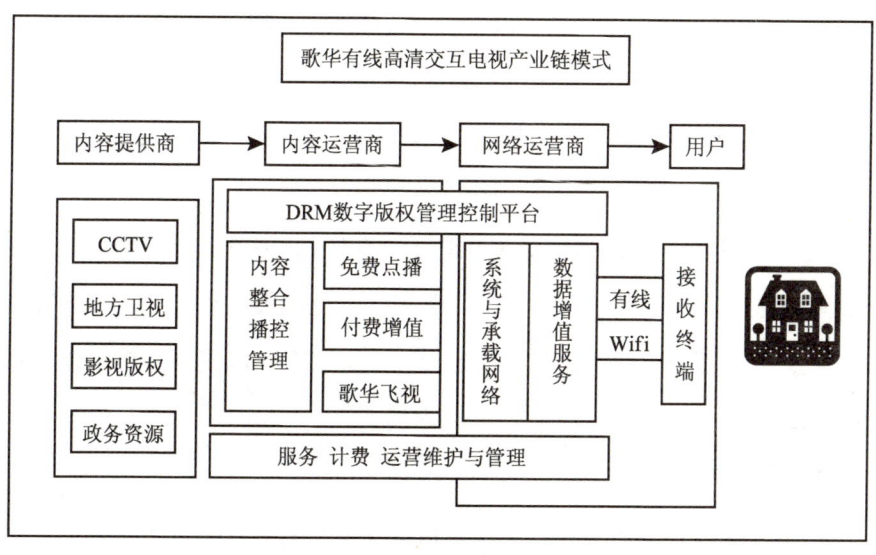

图 3-17　歌华有线高清交互电视产业链示意图

近年来，歌华有线主营业务状况并不理想。自 2007 年营业利润达到上市以来最高点 3.54 亿元以来，尽管营业收入逐年增长，但营业利润却逐年下滑至亏损。数据显示，2012 年预计实现收入 22.03 亿元，较 2007 年增长 85.91%；但营业利润却由 2007 年的 3.54 亿元下滑至 -1.22 亿元，降幅达 134.46%。

在主业盈利能力持续下滑的情况下，歌华有线每年依旧保持着盈利，这其中最主要的原因就是逐年增长的政府补助，尤其是 2010 年至 2012 年这三年时间。数据显示，2010 年和 2011 年政府补助分别高达 2.36 亿元和 3.06 亿元，而 2012 年在主业亏损 1.22 亿元的情况下，依旧实现 2.94 亿元的归属净利润，其所到的政府补助或许不低于 2011 年。

（2）建设阶段短期投入大，普及后盈利或会呈现爆发增长

目前公司数字电视整体平移的支出最主要为机顶盒的支出，每户赠送机顶盒的支出，每台约 450 元，扣除政府补贴 100 元，公司实际需支出 350 元。07、08 年各需支出 90 万台的机顶盒成本，09、10、11 年各需支出 200 万台成本，在不考虑补贴的情况下公司每年投资为 4.05 亿元（考虑补贴为 3.15 亿元）。考虑到作为固定资产按 5 年进行摊销，每台每年摊销约 90 元（考虑补贴后为 70 元），再考虑到安装时间上的延迟（不是从一月份开始），电视盒建设普及阶段投入相当大。

在 2013 年歌华有线数字交互电视已开始在全北京普及，歌华也开始在河北等近京地区开展跨地域服务，用户基群已见规模。在前期投入培育资金虽大，但今日看市场已是草丰羊壮，歌华数字交互电视到了市场化盈利的时刻。

2. 歌华有线高清交互电视盈利点分析

（1）北京地区 383 万用户固定月租费及点播类增值服务费

每月 18 元的固定月租费是歌华有线营收的主要来源，使得歌华有线有着每个月近亿元稳定现金流入，事实上 18 元的价格近 10 年已未提价，目前在人均 GDP 和北京接近的深圳、上海等地月租费平均在 23 元左右，即使有政策扶持，若考虑近年来物价等人力物力上涨，微提北京地区月租费也相对合理。

不认同目前业内一些人认为的目前付费频道节目吸引力不够，用户不会收看的观点。目前使用歌华付费点播的人群已占用户总数的近 1/5。观众

对付费频道的喜爱程度，依次为爱好类（电影、钓鱼、证券、体育球类等）、实用类、教育类，目前的节目已经可以吸引到一批观众观看。歌华飞视提出的用终端看电视的服务，在家庭和市公共场合的开展，也赚取了一定的增值服务费。

（2）高清交互平台中广告营收

目前在高清交互平台植入广告的位置有：

1）观看视频点播前的固定广告，这部分广告常见于视频网站，多是以奶粉，汽车，手表，美食等内容面向高端用户。广告时间通常在30秒—1分钟左右，时间不短。付费节目可享受过滤广告服务。

2）在频道切换时频道显示栏右侧植入的广告，这部分主要涉及北京地区活动，一些节目的提示。

3）在文娱票务中，相关文体演出的信息，宣传图等以及一些旅游景点，在电视盒中开设自己的展示专区，如颐和园。这两部分广告主要向歌华支付广告及维护费用。

歌华有线 2012 年报报告期内广告业务收入较上年同期增加 7923 万元，增幅较大。

（3）外来卫视频道歌华落地费

落地收转工作，实现卫视落地收入稳步持续增长，据歌华 2012 年报报告期内频道收转收入较上年同期增加 4705 万元，增幅达 28.14%。

（4）新媒体业务增值服务费

歌华主要经营的业务如在线支付，电视挂号，电视图书馆等。在线缴纳水电费、煤气费、供暖费、电视月租费、交通罚款时歌华方面会向相关的缴费单位收纳一部分手续费，电视挂号会向相关医院收纳手续费。电视图书馆、电视杂志会向相关的版权方收纳一部分维护费用。

3. 商业模式小结

检视当下中国数字电视商业模式，主要由政府买单（青岛模式）、广电部门买单（太原模式）、借助外来资本买单（佛山模式）和整合各个部门买单（杭州模式），赠送给用户机顶盒。歌华采用的是自营模式，初期实力完全来自于政府资金和原有传统有线电视网，其商业模式的发展极具特色性，但从前期建设思路来看，政策推动力量过于突出，在国际上推广空间不大，但在电视业受政府把控的中国，在地方依旧具有一定参考经验。

歌华有线作为一项惠民便民工程，前期在政府的大力出资下，电视盒已基本完成在北京地区的普及，这也意味着三网融合基础性设施搭建完毕，作为北京市扶持的电视垄断性公司，享受相关资源有线获得，营业税减免的政策，在建设期内社会效益大于经济效益，然而面对国内"IPTV"市场风起云涌的竞争环境下，歌华有线下一步要做的就是在扩大经济效益方面的布局，是时候追求经济效益了！前一段时间，工信部叫停网络电视牌照、小米盒子等民营电视盒发展受阻，业界直接将歌华有线作为了这一政策的体制内受益者，歌华若不在此背景下做出一番成绩，相信会令很多人失望。

下面就在高清交互电视 SWOT 分析基础之上，在技术发展和盈利模式上做一些可行性的扩展，在提升产品及优化产业链方面提出一些新媒体角度的可行性建议。

3.7.4 歌华有线 SWOT 矩阵分析与完善方案

1. 歌华有线数字高清交互电视 SWOT 矩阵分析

SWOT 分析方法是一种根据企业自身的既定内在条件进行分析，找出企业的优势、劣势及核心竞争力之所在的企业战略分析方法。其中战略内部因素（"能够做的"）：S 代表 strength（优势），W 代表 weakness（弱势）；外部因素（"可能做的"）：O 代表 opportunity（机会），T 代表 threat（威胁），通过对歌华有线高清电视盒进行研究，利用 SWOT 矩阵希望能够客观而准确的分析一个单位现实运转情况（如表 3-7 所示）。

专题 3　数字视听产业商业模式创新

表 3-7　歌华有线高清交互电视 SWOT 矩阵分析

		优势（Strengh）	劣势（Weakness）
内部能力		1. 北京市重点扶植文化企业，有专项资金扶持，减免营业税，人力物力雄厚。 2. 垄断北京地区有线电视服务，受信任程度高。交互电视已在全市 18 个区县普及，目前拥有近 380 万用户。 3. 国企背景有着丰富的获取视频资源，政务资源，教育资源能力，开展新业务获取牌照有优势。 4. 北京地区市场成熟，有实力广告主多。	1. 产业链为自营模式，前期主要依靠国家资金扶植，盈利模式初具锋芒仍相对单调，利润回流慢。在产业链最上游内容提供方面还未涉及。 2. 市场人员，客服人员，维修人员等人力及机器维修服务成本高，18 元月租费低于全国水平，运营压力大。 3. 高清交互电视用户 UI 设计不够人性，网络传输不够稳定，多项业务开发深度不足，缺乏吸引力。 4. 受众对视频点播的付费意识不足。
外部因素			
机会（Opportunities）		SO	WO
1. 三网融合深入，国家提出政策鼓励相关产业发展，符合行业趋势。 2. 网络视频行业蓬勃发展，用户已培养成熟使用习惯，市场广阔。 3. 目前广电对网络视频播放牌照把控十分严格，未全面向市场开放。 4. 新媒体技术蓬勃发展，是有线电视借力转型、开展新业务的大好时机。 5. 北京地区人均 GDP、教育水平不断提高，用户支付能力和使用电视需求不断提高。 6. 国内对网络视频版权的严查，将封锁一定网络盗版下载渠道，免费午餐时代将终结，正版影视付费渠道迎来春天。		1. 借行业发展和政策推动的东风，在战略制定上与西方先进经验看齐，及时在国内推广，走在业界前沿。 2. 利用在北京已有成熟有线网络，以平台化思路开发新业务，如利用渠道开发社区业务。	1. 产业链向上游突进。利用多年媒体资源，向内容提供商转型，可与央视北京卫视合作开发一些节目，电影在歌华交互平台播放。 2. 发展已有新媒体业务：①电视支付可与电子商务业务结合。②远程教育渠道可向市场放开。 3. 经营更多广告形式。①借鉴网络广告经验，记录用户播放行为，开展大数据业务。②抓紧赞助广告商在平台更多位置植入高质量广告。③经营专门播放广告的频道。 3. 完善交互平台 UI 设计美观度、便捷度，开发优质 App 供终端用户使用。

续表

风险（Thearts）	ST	WT
1. 互联网电视、IPTV、视频网站冲击与渗透性竞争。①国外企业进驻中国市场。②北京电信运营商与媒体合作的IPTV抢夺北京地区市场。③地方卫视和网络技术公司推出的IPTV。 2. 新兴业务因体制内原因审批时间较长或阉割。 3. 业务种类过于丰富导致核心优势不明朗，公司发展失衡。	1. 视频内容资源寻求多样化、差异化，利用政府资助背景让定价更有优势。 2. 明确挑选几项新媒体业务进行重点试水，使公司发展战略清晰。 3. 可与外国知名电视台开展合作如：HBO ESPN 等，提供剧集或电影更新。	1. 面对市场竞争，强化产品核心竞争力，面对变化要更灵活，考虑问题的方式要更符合市场需要。 2. 提升业务布局的效率，在人力资源上可作一定的优化，减少运营成本包袱。 3. 聘请相关新媒体人才、网络视频运营商、互联网产品经理参与业务开发与评估，对传统电视运作思路要做批判继承。 4. 将国企中冗余运作模式变劣势为优势。

2. 歌华有线数字高清交互电视产品升级可行性建议

（1）提升产品自身使用体验

在移动互联网、三网融合时代，终端用户体验有时候决定了一个产品的成败，歌华数字交互电视需要在三个方面提升产品使用体验：高清交互网络平台、高清交互遥控器、歌华飞视手机 App。这一部分业务可向相关互联网软件 UI 设计人员取经，从目前交互网络平台操作使用体验上看，操作便捷度、人性化、界面的美观程度、利用程度都有很大提升空间。

（2）作为运营商向产业链上下游拓展

歌华有线采用自营模式＋政府推动的模式，上文提到了其建设性投入巨大，资金回流慢的特点，这就容易造成回收利润难以支付供应商成本的局面，直接打击终端供应商、内容供应商的热情，导致产业链无法大量扩张，同时如果视频资源用户不买账，那交互电视运营商的地位将极为尴尬，那么如果这种现状在政府资金或外贷非每次都如愿的情况下，如何在产业链上增强为"自身造血"的能力呢？

第一，面向下游（用户群）——从扩展业务中盈利的模式。

数字电视运营商从下游用户群收取费用集中体现在后三个层次上，即付费电视、增值业务和互动业务。在当前数字内容服务跟不上需求的情况下，运营商要想获得更多收益，必须设法细分服务、细分客户来获得月租以上的收益。

好看、精彩的电视节目无疑是观众喜欢的，但这不是数字电视所特有的。增加现有电视节目之外的服务功能，提供多样化、专业化、个性化的信息，大力发展增值业务和互动层业务，这才是数字电视盈利的最终出路。

第二，面向上游（内容提供商）——利益共享，互利互盈模式。

歌华有线主营业务已开始想数字交互电视倾斜，那么就继续为交互平台积累人气，利用歌华有线在北京地区丰富的媒体运营经验和合作资源如央视，北京卫视和中影集团等合作，完全有能力开发视频资源，让一部优秀的作品可以不在网络播放、电视台播放而到高清交互平台中播放，这无疑对扩大交互平台影响力聚集人气有重大意义。同时在拍摄时可采用美剧的运营模式，前期公布预告片或剧本，让观众通过交互平台进行投票，投票最高者可进行按季度制拍摄，也可以及时终止拍摄。

(3) 大数据时代的数字电视新广告

大数据时代的 RTB（实时竞价）广告已在互联网业崭露头角，三网融合的时代，这一业务一样可以开展到电视终端，然而目前这一服务在国内电视上还没有应用，其中很大的一个阻力就是对传统电视广告投放业务的分成带来冲击和革新。对传统电视频道进行大数据广告有困难，歌华有线完全可以在数字交互平台首页上进行试运营，在视频点播等服务上向平台使用用户精准投放广告，那么男性观众将远离女性用品广告，女性可远离白酒广告。

专题参考文献

[1] 章红雨.《图书二维码》标准明年实施 [N]. 中国新闻出版报. 2007年8月9日002版

[2] 张志斌、王斌."物联网"概念: 泡沫还是机遇? [N]. 第一财经日报. 2009年9月19日A06版

[3] 姚春鸽, 武聪, 钟凌江, 张美玲. O2O, 燃烧着的市场 [N]. 人民邮电. 2012年10月26日005版

[4] 孙丽. 1号店虚拟超市的背后——访1号店无线事业部总监于丽丽 [J]. 信息与电脑, 2001.09

[5] 曾新峰. Android手机平台优酷客户端的设计 [J]. 煤炭技术, 2012.04

[6] 王一粟. O2O来了, 移动支付火了 [N]. 计算机世界. 2012年09月24日015版

[7] 朱珊. O2O式营销生活 [J]. 新营销. 2012年12月

[8] 晓枫. SOLOMO: 移动互联网创新的"三维模式"分析 [J]. 新应用. 2011年10月19期

[9] 朱丽. 爱奇艺: 穿越搜索的视频营销 [J]. 中外管理, 2012.11

[10] 那什. 二维码叫好还要叫座 [N]. 人民邮电. 2011年10月14日008版

[11] 赵娜. 二维码: 如何找到独立盈利模式? [N]. 21世纪经济报道. 2012年08月27日031版

[12] 焦汉明. 二维码: 移动互联网和O2O的关键入口 [N]. 信息与电

脑 .2012.12

[13] 刘运．二维码的应用及金融标准化发展［N］．数字技术与应用．2012.09

[14] 何永祺，张传忠，蔡新春．市场营销学（第2版）［M］．大连：东北财经大学出版社，2001.

[15] 王良元．通信企业管理［M］．北京：北京邮电大学出版社，2006.

[16] ［美］菲利普·科特勒，梅汝和，梅清浩，周安柱译．营销管理［M］．北京：中国人民大学出版社，2001.

[17] 吕一林．营销渠道决策与管理［M］．北京：中国人民大学出版社，2006.

[18] 徐超．中国电信力推"爱音乐"业务平台　用数字音乐撬动高校市场［J］．通信世界，2009年33期，A9.

[19] 中国电信挺进数字音乐市场，推出"爱音乐"全新品牌［J］．信息网络，2007年12期，11.

[20] 伍咏芳．浅析电信无线音乐增值业务的现状和发展趋势［J］．现代商业，2010年7期，192.

[21] 吴玉玲．北京有线数字电视市场拓展问题与策略［J］．当代传播，2013年01期

[22] 陈敏利．数字化带来电视盈利模式的革新［J］．声屏世界，2004年第4期

[23] 专访——北京歌华有线副总经理兼市场运营总监罗小布［J］．广播与电视技术，2011年第10期

[24] 歌华有线2012股东大会会议文件［S］.

附件：

数字电视与数字家庭产业"十二五"规划[①]

[①] 工业和信息化部，发布时间：2012年2月24日

为贯彻落实《工业转型升级规划（2011-2015年)》和《信息产业"十二五"发展规划》，促进电子信息制造业增强核心竞争力，提升发展质量效益，工业和信息化部制定了《电子信息制造业"十二五"发展规划》。《规划》包含《电子基础材料和关键元器件"十二五"规划》、《电子专用设备仪器"十二五"规划》和《数字电视与数字家庭产业"十二五"规划》三个子规划。

附件： 数字电视与数字家庭产业"十二五"规划

前　言

　　数字电视作为电子信息产业和文化产业有机融合的产物，是指采用数字技术实现节目内容制作、存储、播出、传输、接收及应用服务的整套系统，本规划中的数字电视产业主要指与数字电视系统相关的产品制造业。数字家庭是指通过网络实现家庭内部各种家用电子电器产品之间及其与外部的互联互通，使家庭成员能够便捷地实现互动娱乐、信息服务与智能控制，本规划中的数字家庭产业主要指与数字家庭系统相关的制造业以及与应用服务相关的配套产业。

　　随着数字化、网络化、智能化生活理念的日益普及，作为传统家庭生活娱乐中心的数字电视与新兴的数字家庭关系更加紧密。数字电视产业的发展极大丰富了数字家庭的内涵，为数字家庭业务提供了重要支撑，数字家庭业务的创新和拓展则促进了数字电视产业的快速发展。发展数字电视与数字家庭产业，是培育发展新一代信息技术产业、推动产业转型升级、促进经济发展方式转变的战略要求，对于推动三网融合取得实质性进展、提高经济社会信息化水平、提升人民生活品质、促进国民经济长期平稳较快发展具有重要意义。

　　按照《工业转型升级"十二五"规划》、《信息产业"十二五"发展规划》、《电子信息制造业"十二五"发展规划》的总体部署和要求，依据部门职责分工，制定本规划，用以指导未来五年我国数字电视和数字家庭产业的发展。

一、"十一五"发展回顾

　　"十一五"时期，虽然经历了国际金融危机，但随着《电子信息产业调整和振兴规划》的实施以及家电下乡、家电以旧换新等一揽子刺激内需政策的落实，我国数字电视与数字家庭产业仍然取得了较快发展，产业转型和结构调整取得阶段性成果，技术研发与应用实现重大突破，自主品牌竞争力逐步增强，国际化步伐显著加快，基本实现"十一五"的预期目标。

（一）数字电视产业规模稳步增长，产业转型与结构调整初见成效

从2006年到2010年，以数字电视为主的视听产业销售收入从3967亿元增长到10039亿元，工业增加值率从17.4%提升到21%。其中，2010年我国彩电产量为1.18亿台，占全球彩电总产量的49%，数字电视机顶盒产量为1.23亿台，占全球机顶盒产量的76.6%，全球制造大国地位进一步得到巩固。产业数字化、平板化、绿色化发展成效显著，平板电视比重从25%提高到79%，节能发光二极管（LED）背光电视2010年占比达到18%；平板显示产业链逐步完善，高世代薄膜晶体管液晶显示器（TFT-LCD）面板及模组、多面取等离子显示屏（PDP）面板规模化生产技术取得重大进展。

（二）数字家庭技术与应用取得进展，以应用促发展局面初步形成

以数字电视应用为中心、面向三网融合的数字家庭产业初步形成，"闪联"、"e家佳"和"广联"等各具特色的数字家庭标准组织相继组建，自主技术标准的国际化及推广应用取得重大进展；构建了包括数字家庭网络运营、数字家庭智能终端、数字化家用电子产品制造、面向三网融合的数字家庭内容服务在内的技术链，产品涵盖消费电子、通信、安防、建筑、网络运营、内容服务等众多行业。广州、杭州、武汉、青岛、长沙等城市的数字家庭研发与应用示范步伐加快，部省共建广东国家数字家庭应用示范产业基地建设初显成效。以互动娱乐、智能家居、信息服务为代表的面向三网融合的数字家庭业务应用创新取得较大进展。

附件：数字电视与数字家庭产业"十二五"规划

（三）以企业为主体的技术创新能力增强，标准体系建设取得较大进展

数字电视新型显示器件与材料、数字电视系统级芯片（SOC）、数字电视中间件、大容量光存储等新技术和新应用不断取得突破，相继推出了LED背光电视、互联网电视、三维电视、智能电视等新产品。产业链不断完善，多条液晶电视模组整机一体化生产线已实现量产。以地面数字电视传输标准（DTMB）、数字视频编解码标准（AVS）、数字音频编解码标准（DRA）、中国蓝光光盘格式标准（CBHD）、数字接口内容保护标准（UCPS）为代表的自主知识产权技术标准体系已经形成。其中DTMB已经取得国际电信联盟（ITU）地面数字电视D系统代号，AVS成为国际主流视频编解码标准之一，DRA成为蓝光高清视盘国际联盟可选标准，"闪联"、"e家佳"标准分别被国际标准化组织（ISO）和国际电工委员会（IEC）发布为国际标准。

（四）产业区域发展辐射作用明显，骨干企业综合实力进一步提升

初步形成了北京辐射圈、长三角地区、珠三角地区、环渤海地区、海西经济区、成渝地区等各具特色数字电视及数字家庭产业集聚区，产业集聚及辐射带动作用明显。海尔、海信、长虹、TCL、创维、康佳等企业均进入电子信息百强前20名，年营业收入超过百亿元，通过家电下乡、家电以旧换新等拉动内需政策，进一步巩固市场优势地位，整体竞争力和国际影响力不断攀升。2010年，海信、海尔、TCL、长虹、创维、康佳、厦华等7家企业的彩电产量占国内彩电总产量的49%，产业集中度进一步提升。

（五）产业国际化步伐加快，自主标准国际化应用取得重大突破

"十一五"期间累计出口彩电26664万台，出口额523.7亿美元，出口量占总销售量的58.6%。中国成为全球机顶盒的制造中心，占全球总销售量的70%以上。企业在坚持开拓传统市场的基础上，进一步向新兴市场

进军，并通过发展自主品牌，实现了从单一产品出口向全面"走出去"的转变，海信、海尔、TCL、长虹、创维、康佳、厦华等整机企业在欧洲、东盟、南非等国家和地区开始建立研、产、销机构，自主品牌的国际影响力不断提升。我国地面数字电视传输标准国际化应用取得突破性进展，已经在柬埔寨、老挝等海外国家和地区得到应用，并带动了相关技术、产品及系统的国际应用。

尽管"十一五"期间我国数字电视产业发展取得较大成绩，数字家庭技术研发和产业应用取得较大进展，但仍然面临诸多问题：彩电业转型升级与配套核心器件缺失的矛盾依然存在；企业的技术能力积累不足，难以适应核心技术快速发展的需要；文化体制改革有待进一步深化，与产业支撑的协调性有待进一步增强。

二、"十二五"面临的形势

（一）宏观环境促进产业转型

我国经济发展方式将逐步从主要依靠投资、出口拉动向依靠消费、投资、出口协调拉动转变。工业化和信息化深度融合、战略性新兴产业积极培育、数字电视和三网融合政策进一步贯彻落实，将为数字电视和数字家庭产业的发展提供有力支持。绿色环保、低碳节能作为数字电视与数字家庭产业转型升级的重要方向，是产业可持续性发展的内在要求。

（二）消费升级助推产业发展

"工业化、信息化、城镇化、市场化、国际化"五化并举，产品更新换代加速，城市化带动城市家庭数量快速增加，居民对精神文化需求日益增长，数字家庭娱乐、智能家居、远程教育、社区服务等发展势头迅猛，内需市场的扩大将为数字电视与数字家庭产业发展提供强大的内需动力。

（三）技术进步促进转型升级

新一代信息技术为代表的战略性新兴产业的蓬勃发展，网络化、智能化、绿色环保为特征的科技进步，下一代互联网、下一代广播电视网、物联网、云计算、新一代显示、人机交互、内容保护与可信安全等新技术的广泛应用，以融合创新为特征的新型产品和服务形态，将为数字电视和数字家庭产业转型升级注入新的活力，形成新的增长点。

（四）发展模式发生重大变革

"4C"（计算机、通信、消费电子、内容）融合的不断推进，将促进产业从单纯整机生产向上游高附加值领域延伸，从产品制造向内容服务、运营服务和生产服务等领域渗透。产业集群正加速从成本导向型向创新驱动型升级，生产与服务融合、软件与硬件融合的趋势愈加明显。

（五）投资环境继续保持宽松

良好的经济前景、稳定的政治环境、充裕的劳动资源、庞大的消费市场等有利因素，使得我国仍然是全球最佳的产业转移地。宏观调控将促进投资结构的进一步优化，地方政府和民间投资持续跟进，将为数字电视及数字家庭产业发展营造宽松环境。

（六）国际市场面临新的形势

经济全球化进一步加强，区域/次区域经济合作深入发展，市场全球化进一步深化，以服务外包为核心的生产全球化体系将发生深刻变革。国际市场需求处于恢复期，不确定因素依然存在。发达国家提出重振制造业，国际贸易保护主义抬头，技术壁垒、反倾销、知识产权等问题依然突出，将影响我国企业国际市场竞争力提升。

三、指导思想、发展原则及目标

（一）指导思想

以科学发展为主题，以加快转变发展方式为主线，以推动产业结构调整和转型升级为主攻方向，全面提升自主创新能力，统筹规划产业布局，打造完整的技术链和产业链；创新体制机制，以市场需求为牵引，以应用服务为导向，支持制造业与运营业的互动融合，推动应用促进产业发展；健全公共服务，发挥第三方服务的主体作用，结合产业集聚地区资源优势，推动公共服务体系的专业化、网络化和一体化建设。促进数字电视与数字家庭产业发展方式向创新驱动型、资源节约型、环境友好型转变，全面提升产业核心竞争力。

（二）发展原则

坚持创新发展。以关键技术创新和发展模式创新为突破口，以自主技术标准应用带动产业集聚发展。

坚持应用促发展。以需求为导向，通过应用示范，推动新产品、新业务、新业态和新服务的快速发展。

坚持协调发展。推动产业链上下游协同发展，制造与运营融合，利用国内国际两个市场资源，优化产业发展环境。

坚持绿色发展。秉承节能减排、绿色环保的理念，产品设计生态化，产品制造绿色化，推动产业向节能环保转变。

（三）发展目标

1. 产业规模

未来五年，数字电视产业销售收入保持平稳较快增长，数字家庭应用规模不断扩大，力争在"十二五"末成为全球最大的数字电视整机和关键件开发、生产基地，主要产品产量和质量水平位居世界前列。到2015年，以数字电视和数字家庭为主的视听产业销售产值比2010年翻番，达到2万亿元，出口额达到1000亿美元，工业增加值率达到25%。

2. 产业结构

产业结构进一步优化，在平板显示、机顶盒、芯片设计制造等领域的技术和产品层次大幅提升，自给率不断提高，管理水平和竞争能力有较大提高，初步形成相对完整的配套体系，形成研发、生产、应用、服务"四位一体"的产业体系；平板电视占彩电产量比重达到95%以上；数字家庭产业链逐步健全，多业务数字内容服务形成规模。

3. 产业布局

形成一批产学研用相结合、规模效应和产业链配套协作水平较高、以完善的产业服务体系为支撑的产业集群，以及一批效益突出、竞争力强的优势企业；推动建成5～10个应用特色鲜明、持续创新能力强、引领带动作用显著的国家级数字家庭应用示范产业基地；培育2～3个具有国际竞争力、年销售收入突破千亿元的领军企业，为做大做强信息产业提供有力支撑。

4. 自主创新

自主创新能力明显提高，形成以企业为主体的创新体系，培育一批具有较强自主创新能力、拥有自主知识产权的企业；掌握数字电视和数字家庭核心技术，建立健全数字电视和数字家庭国家标准体系，新一代数字电视技术标准研究取得突破，提升对技术标准、产业发展方向、产品升级的话语权；推动国家地面数字电视传输标准成为国际标准，国际化应用取得重大进展。

四、主要任务与发展重点

（一）主要任务

1. 突破核心关键技术

在数字电视SOC、嵌入式操作系统、中间件、人机交互、新型显示、模组驱动和控制、终端设备的内容保护与可信安全等领域掌握关键技术，在先进的数字电视传输、音视频编解码、面向数字家庭的互联互通与服务协同等技术上力争获得突破。

2. 打造完整产业链条

以大型骨干企业为龙头，完善大型企业与中小企业互动协作格局，打造完整产业链；横向联合网络运营商、内容提供商、系统集成商等相关机构，加强特色应用和服务，推进整个行业从单纯的制造向"制造+服务"延伸。

3. 推进应用模式创新

发展具有"三网融合+高清互动+智能控制"功能的新型数字家庭系统，不断培育开放、融合的业务形态和应用环境，形成可持续发展的商业模式。

4. 发展绿色优质产品

推广绿色生态设计、绿色制造、节能和环境友好材料的应用，加大彩电、音响等行业的能效标准执行力度，促进产业节能环保技术与国际接轨；推动企业强化质量管理，促进产品质量水平提高。

5. 实施知识产权战略

按照"共性整合、个性兼容"的总体思路，进一步完善具有我国自主知识产权的标准体系，搭建标准应用产业化的支撑平台；积极参与国际标准的研究制定，推进自主技术标准成为国际标准，提升我国企业在国际市场上的话语权。

6. 开拓国内国际市场

推动骨干企业建立多渠道营销和服务平台，拓展服务内容，提升服务质量，满足用户消费需求。加强国际战略合作，开拓新兴市场，推动自主技术标准国内外推广应用，进一步提升自主品牌的国际影响力。

（二）发展重点

1. 数字电视终端设备

密切跟踪网络化、智能化发展趋势，加快数字电视软硬件产品升级及关键标准研制，推进三维电视、智能电视嵌入式软件系统、超高清电视系统的研发与应用，支持数字电视终端安全系统的研发与应用。加快新型显示技术在电视终端中的应用，支持 LED 背光源液晶电视、节能型 PDP 电视、大尺寸有机发光显示屏（OLED）电视研发与产业化。发展基于地面、卫星、有线、IP 网络等传输方式的数字电视终端以及移动多媒体电视，满足广播电视发展多样化需求。推进高清晰三维投影、短焦投影、便携式微型投影和激光投影等产品的研发与产业化。

2. 数字电视广播前端设备

以提升自主研发产品竞争力为目标，加大对数字电视和数字广播制作设备、演播室设备、播出设备、发射设备等前端设备研发与产业化的支持力度，积极引导基于 AVS、DRA 等自主技术标准的数字电视前端设备研发及应用，面向高清电视、三维电视、移动电视、数字电影等领域发展需求，大力发展摄像、录制、编辑、存储、播放等设备。

3. 数字家庭设备

充分发挥地方政府引导和骨干企业的主体作用，建设数字家庭产业应用示范基地，推动产业集聚发展。支持终端厂商与网络运营商、内容提供商、系统集成商等联合，研发并推广新型信息终端、桥接设备、多业务网关、智能感知与控制设备，以及网络侧的应用云平台等产品，推动多屏融合、互联互通、智能控制的数字娱乐、数字教育、数字健康、智能家居等业务系统研发和产业化。

4. 音响光盘设备

提升音响产品质量、品牌和工业设计水平，推进音响产品时尚化、精品化、特色化。大力发展高保真和超薄音响器件与系统、高保真音源产品、专业数字音响系统。推动光盘产业加快转型升级，支持全息（TB 级）大容量、可刻录、三维播放、高保真的新一代光盘研发及产业化。

5. 视频应用系统

面向"平安城市"、数字社区、数字家庭等以及银行、交通等行业应用领域，大力发展智能化、网络化视频监控设备，推进高清、宽动态、低照度、无线视频监控网络摄像设备以及大容量、高压缩、智能分析的监控后端系统和云存储系统的研发及产业化。

6. 应用服务平台

面向数字家庭多样化用户需求，充分运用云计算、物联网等技术，推动跨平台、跨领域的数字内容服务平台和综合性数字应用平台的开发建设，支持在线用户服务、远程医疗、远程教育、动漫游戏、资讯信息等业务系统及应用程序商店等平台的开发与应用，实现三屏（电视屏幕、手机屏幕、电脑屏幕）互动与三屏融合以及内容保护等功能。

五、重大工程

（一）彩电业转型升级专项工程

推进彩电整机企业向芯片、软件、背光、模组、面板等上游领域延伸，支持国家规划布局内的高世代 TFT–LCD、PDP、新型 OLED 面板生产线建设及其配套产业建设，支持彩电产业配套的核心芯片、软件、关键器件、一体化模组、专用设备研发及产业化。推动产业向网络化、智能化和节能环保等方向发展，支持三维电视、智能电视、超高清电视及交互式软件平台的研发和应用。鼓励彩电企业进行商业模式、服务模式创新，支持彩电终端产品与内容服务融合发展。

（二）地面数字电视接收设备普及专项工程

结合国家数字电视整体转换进程，制定普及地面数字电视接收设备的实施意见，引导和支持企业推动地面数字电视接收设备普及，加快实施和宣贯地面数字电视配套技术标准，进一步完善地面数字电视配套技术标准体系，开展地面数字电视终端产品标准符合性检测，推进地面数字电视接收设备普及。支持地面数字电视演进技术的研发和应用，进一步推动地面数字电视国家标准的国内外应用。

（三）整机与芯片、器件、软件联动工程

鼓励和支持掌握自主核心技术的芯片、器件、软件研发生产企业与整机企业间的联合与合作，加强产学研用结合的创新体系建设，以数字电视和数字家庭领域的先导应用和典型应用为引领，实施重大专项，实现以重大工程带动芯片研发与应用的突破。推动整机企业联合芯片、软件企业，共同开展技术研发，建立从芯片、器件、软件、整机、系统到应用的产业生态环境，形成"整机带动芯片技术进步，芯片提升整机系统竞争力"的良性循环。

（四）面向三网融合的数字家庭应用示范工程

充分发挥地方政府引导和骨干企业的主体作用，重点开发面向三网融合的多媒体智能终端等产品以及配套的芯片、关键元器件和软件。推动终端厂商与网络运营商、内容提供商、系统集成商等联合，共同开发数字家庭应用集成平台和业务支撑平台。实施数字家庭标准体系建设、核心芯片开发、内容服务平台建设等工程，建设面向三网融合的数字家庭应用示范区，推动自主技术标准的规模应用。

（五）公共服务体系建设工程

充分发挥市场配置资源的基础性作用，加快实施数字电视和数字家庭领域公共服务体系建设，着力推进技术标准公共服务平台、专利和知识产权公共服务平台、家电售后维修服务公共服务平台、技术交流与成果推广应用公共服务平台的建设。推动公共服务体系的专业化、网络化和一体化建设，形成覆盖全国、资源共享、互联互通、高效便捷的公共服务网络。

六、政策措施

（一）完善产业政策体系，优化产业发展环境

加快落实《国务院关于加快培育和发展战略性新兴产业的决定》（国发［2010］32号），进一步贯彻落实国务院《关于鼓励数字电视产业发展的若干政策》（国办发［2008］1号）文件精神，继续执行和完善彩电业转型升级相关政策，推动实施地面数字电视普及意见，完善配套标准和产品认证体系，推进节能环保相关产业政策的落实。研究制定和推动实施家电下乡、家电以旧换新后续政策措施，建设完善家电售后维修服务体系。

（二）用好财政支持手段，提升产业创新能力

充分发挥电子信息产业发展基金、国家科技重大专项等引导作用，加大在核心技术、关键原材料、核心部件和设备的投入力度，支持产业自主创新。通过政策引导、制度创新，推动建立政府导向的产业投资基金，发挥财政资金对社会资金的带动作用，创造有利于产业发展的投融资环境。

（三）加强协调与合作，促进产业良性互动

坚持运营业务拓展带动终端制造业发展、终端创新促进运营业务变革的发展思路，继续加强部委之间、部省之间的协调和联动，重点加强产业链各环节间的衔接以及运营机制的协调，推进制造业和运营业的融合发展。

（四）统筹规划产业布局，促进区域协调发展

统筹规划，合理布局，充分发挥地方政府积极性和骨干企业的主体作用，进一步推动现有平板显示产业区域的协调发展；在产业基础较集中区域，引导支持建设数字家庭产业基地，推动产业集聚发展。

（五）抓好重点人才建设，健全专家咨询机制

充分发挥高校、国家工程中心、国家重点实验室以及企业研发部门等科研机构的人才优势，实施重点人才建设工程；不断完善数字电视与数字家庭领域的专家人才库，充分发挥数字视听专家委员会的作用，为产业可持续发展提供咨询指导。

（六）构建应用创新体系，促进产业融合发展

抓住三网融合机遇，探索机制创新，促进产业、网络和业务融合发展。进一步加强与地方联系，完善与地方共建工作机制，开展面向三网融合的数字家庭应用示范，促进三网融合取得实质性进展。

（七）推进国际合作战略，拓展海外新兴市场

继续实施"走出去"战略，巩固传统优势，开拓新兴市场。积极推进新型显示、节能环保、网络互联、智能终端等新兴产品的市场推广，适应国际市场需要，建立海外生产基地。继续推广自主技术标准的国际化应用，提升出口产品附加值，促进产业对外贸易方式的转变。